Angela Goldbach

DE BEM COM A VIDA

Sinta prazer em ser mulher

Tradução
ELISABETH RAHN

EDITORA CULTRIX
São Paulo

Título do original: *So Geht's Mir Gut.*

Copyright © Editora Schertz, Berna, Munique, Viena, para a Editora Integral.

Todos os direitos reservados. Nenhuma parte deste livro pode ser reproduzida ou usada de qualquer forma ou por qualquer meio, eletrônico ou mecânico, inclusive fotocópias, gravações ou sistema de armazenamento em banco de dados, sem permissão por escrito, exceto nos casos de trechos curtos citados em resenhas críticas ou artigos de revistas.

Ilustrações: Beate Willich.

O primeiro número à esquerda indica a edição, ou reedição, desta obra. A primeira dezena
à direita indica o ano em que esta edição, ou reedição, foi publicada.

Edição	Ano
1-2-3-4-5-6-7-8-9-10	02-03-04-05-06-07

Direitos de tradução para a língua portuguesa
adquiridos com exclusividade pela
EDITORA PENSAMENTO-CULTRIX LTDA.
Rua Dr. Mário Vicente, 368 — 04270-000 — São Paulo, SP
Fone: 272-1399 — Fax: 272-4770
E-mail: pensamento@cultrix.com.br
http://www.pensamento-cultrix.com.br
que se reserva a propriedade literária desta tradução.

Impresso em nossas oficinas gráficas.

DE BEM COM A VIDA

SUMÁRIO

Prefácio 7
Sobre este livro 10

Sinto-me bem? 14
Como ouvir a mim mesma: uma viagem pelo corpo . . 17
Como fortalecer a autoconfiança: visualizações 19
Saudável e bonita 22
O prazer de dormir 26
Descanse o corpo: relaxamento muscular 30
Quem sou eu? 32
Limpeza da primavera: organizando dentro e fora 35
Análise introspectiva 37
Plantas ao meu redor 39
Momentos de felicidade I 43
Vontade de ficar de bom humor 45
A alegria das cores 48
Dia de desenhar 51
Música para o bem-estar 53
Minha veia criativa 57
Trate a natureza com carinho 60
Aprenda a lidar com as ervas 64
Sou como sou — e daí? 70
Multiplicidade de facetas: jogos de transformação 73

Qual é a forma de meditação ideal? 75
Um presente só para mim 81
Bem-estar por intermédio dos movimentos 83
Abaixo as gordurinhas 87
Uma forte irradiação positiva 90
Momentos de felicidade II 93
Desabafe 94
Diga não 97
Dar e receber 99
Jejum terapêutico para a limpeza interna 101
Sou forte, saudável e feliz — o poder da
auto-sugestão 104
Querendo carinho 108
Bálsamos para o corpo e a alma 112
Afrodisíacos naturais 117
Como ativar as próprias drogas 124
Como buscar alívio 127
A linguagem dos meus sonhos 130
Como encontrar clareza 133
Estás aqui, espírito? 136
Os otimistas são mais felizes 139
Encare os próprios medos 141
Carpe diem 143
Meu sorriso interior 148
Rituais que ajudam 150
Soltando as amarras 153
Como administrar o tempo 156
O que quer dizer envelhecer? 161
O gosto pela novidade 165
Momentos de felicidade III 168
Converse com alguém 169
Aprenda a ser confiante 171
Como diferenciar o essencial do dispensável 174
Confie na intuição 176
Como lidar com o sentimento de culpa 180
Um provérbio para cada dia 183
Planejamento de vida 185
Em equilíbrio entre o egoísmo e o altruísmo 187
Finalizando 189

Bibliografia 191

PREFÁCIO

Você nunca sentiu necessidade de uma pausa para respirar e recolher-se em si mesma? Você não tem às vezes a sensação de estar presa a uma rotina desoladora e se pergunta como poderia escapar dela?

Num mundo que exige cada vez mais de nós, mulheres, as ilhas de refúgio são indispensáveis tanto para a sobrevivência do corpo como da alma. Precisamos desses oásis para descansar, para reencontrar nossas raízes e desejos, para libertar a criança escondida dentro de nós, (re)descobrir os prazeres sensitivos e o gosto pela brincadeira e pela alegria. Ou mesmo para nos entregarmos à tristeza.

Muitas mulheres estão presas a papéis preestabelecidos que, com o passar do tempo, acabam se fechando como uma armadura à volta delas. Às vezes a mulher se dá conta dessa armadura tarde demais e acaba se resignando, pois já está tão justa e endurecida que lutar contra ela parece cansativo e inútil.

Luta contra papéis preestabelecidos

No entanto, as mulheres têm perfeitamente a capacidade de despir-se desses papéis indesejados e descobrir novos sem precisar se esforçar muito. Não é tão difícil assim. A primeira condição é fazer uma sensível *auto-análise*. Em vez de

Auto-análise: ouvindo a si mesma

nos orientarmos de acordo com horas marcadas, desejos e exigências dos outros, devemos começar a ouvir a nós mesmas: o que significa essa sensação de enfado, essa dor de cabeça ou aquela tensão muscular em determinadas situações? O que o meu corpo quer dizer com esses sintomas? Passemos a ver o nosso corpo como um interlocutor a ser levado a sério e descobriremos, assombradas, o quanto ele é sábio e quanto tem a nos dizer.

Coragem para novas experiências

A segunda condição para uma mudança é a coragem de experimentar coisas novas. Neste livro, você encontrará uma série de sugestões concretas e perfeitamente realizáveis. Com a ajuda delas, descobrirá em si mesma uma coragem que não imaginava ter e chegará à conclusão de que os novos experimentos não lhe causam medo, mas, pelo contrário, reforçam a sua autoconfiança.

Libertar a fantasia

Enfim, eu gostaria de citar uma última condição: *fantasia.* Quando pergunto o que faria bem às mulheres quando elas se sentem mal, não é raro receber como resposta "Não sei". E o que *você* responderia? Só quando eu desafio as mulheres a anotar as atividades que lhes agradam ou servem de consolo é que elas se dão conta de que teriam prazer em muitas coisas: desde um passeio sob a chuva morna de verão, passando por fantasiar-se, prazeres sensuais de toda espécie, até determinados rituais, como o relaxamento e o cuidado com o corpo.

Faça tudo o que lhe faz bem

Deixe que este livro inspire você. Há caminhos incontáveis para encontrar o âmago do seu ser. Aprenda a conhecê-los, experimente o maior número possível deles para decidir qual é o melhor para você. E acima de tudo: faça o que é bom para você. Talvez você tenha a necessidade de limpar o corpo e a alma. Ou gostaria de fortalecer a autoconfiança. Muitas mulheres acham difícil dizer não. Se você pertence a essa categoria, exercite o seu *não*. Ou desabafe de verdade pelo menos uma vez. Permita a si mesma o que até agora lhe parecia proibido. Dê sinal verde aos seus desejos mais secretos. E sinta prazer em sair da linha. Seja rabugenta e mal-humorada com os outros de vez em quando, mas sempre boa e carinhosa consigo mesma. Você receberá aqui muitas dicas de como influenciar positivamente o seu humor nas fases de *stress* e depressão; por exemplo, com a ajuda da meditação, de massagens, de determinados rituais, de óleos etéricos, do uso das cores e dos alimentos. Porque a beleza exterior é um reflexo da beleza interior.

Precisamos fazer uma limpeza interna — de corpo e alma — se quisermos ser bonitas e esbeltas. Processos abrangentes como esse exercem vários efeitos ao mesmo tempo: a desintoxicação corporal por meio do jejum terapêutico, por exemplo, leva à intensificação emocional. Visualizações e meditações, ao contrário, podem influenciar de forma concreta processos corporais: cólicas menstruais e dores de tensão muscular se deixam amenizar, e até eliminar, pela auto-sugestão concentrada, que pode inclusive direcionar a forma de agir.

Felicidade e saúde, corpo e alma dependem um do outro

Você está convidada a experimentar as minhas sugestões, a modificá-las ou acrescentar-lhes algo. Talvez você tenha conhecimentos que queira passar adiante. Eu ficaria grata por recebê-los em troca.

SOBRE ESTE LIVRO

Nunca lhe será facultado um desejo sem que você
receba também a capacidade de concretizá-lo. Pode ser,
porém, que você tenha de se esforçar para isso.

Richard Bach

Este livro é o testemunho da maravilhosa transformação de uma lagarta feia, gorda e burra numa bela e feliz borboleta.

A lagarta era eu há dois anos, ou pelo menos eu tinha
essa impressão, o que afinal dá no mesmo: depois de alguns
anos de existência como mãe e dona-de-casa, eu me sentia
cansada e desinteressante. O brilho de outrora desaparecera.

Meus olhos se enchiam de lágrimas ao ver nas minhas
fotografias de infância a criança sorridente e confiante no futuro ou os instantâneos dos tempos felizes de faculdade. O
que acontecera àquela moça segura, que como estagiária
realizava seu trabalho com tanto entusiasmo e sucesso que
logo depois de formada já recebera uma oferta de trabalho
para um cargo de responsabilidade?

Ao ficar grávida do meu terceiro filho tive de admitir
que a minha carreira profissional continuaria sendo uma
fantasia irrealizável. Mas o pior estava por vir: meu marido,
que inicialmente me ajudava e cuidava das crianças para que
eu de vez em quando pudesse ir sozinha praticar algum esporte, estava se afastando cada vez mais da vida familiar. Por
puro acaso, acabei descobrindo que ele tinha um relacionamento extraconjugal com uma colega de trabalho, uma mu-

lher bonita, segura de si e coroada de sucesso, dona da própria vida. Era difícil aceitar a infidelidade do meu marido, mas para mim o insuportável era a comparação que eu mesma fazia entre mim e a "outra": depois de três filhos, eu não tinha mais o corpo de uma mocinha. Também não me cuidava mais como antes — mas como poderia? E, sendo honesta comigo mesma, tinha de reconhecer que meus interesses se restringiam aos pequenos acontecimentos da rotina diária. Desse jeito, como um homem poderia me considerar uma parceira interessante?

A falta de autoconfiança estava me corroendo, mas a gota d'água foi o fato de minha sogra considerar-me responsável pela traição do meu marido e pelo iminente fracasso do nosso casamento: tornei-me apática, completamente infeliz, passando a me empanturrar de chocolate e a tomar comprimidos com freqüência cada vez maior, numa tentativa perigosa de "levantar o moral".

Mas em algum lugar dentro de mim ainda havia um resto de orgulho, pois, de repente, me senti personagem de um filme barato, cheio de clichês que antes considerava inaceitáveis. Não era possível que aquela fosse a minha vida e que não havia mais nada que eu pudesse fazer para modificá-la. Não, não, basta! E a partir daquele momento, tudo começou a melhorar.

Ninguém seria capaz de mudar a situação a não ser eu mesma. Fiz uma relação de todas as coisas que me incomodavam em mim e na minha vida e que precisavam com urgência de modificação. A lista ficou enorme. Então, comecei a pensar em como poria em prática essas transformações.

Iniciei uma nova lista, desta vez esforçando-me por ser mais objetiva. Não escrevi, por exemplo, "quero mais tempo para mim", e sim, "na segunda-feira à noite quero ficar só e escrever uma carta sem ser interrompida". O simples fato de relacionar todas as coisas que me trariam prazer me divertia e me dava novas idéias. Analisando melhor, cheguei à conclusão de que minha situação não era tão sem saída como eu pensava. Ainda existia a possibilidade de abrir mais espaço para mim mesma, fazendo assim novas descobertas no meu íntimo.

A busca por oportunidades para me encontrar, reforçar minha autoconfiança, descobrir coisas boas em mim, enfim, fazer bem a mim mesma, tornou-se um hábito. Não só pude ajudar muitas outras mulheres que passaram por situação semelhante, como também recebi idéias e sugestões interessantes em troca. Não há limites para a fantasia e, muitas vezes, não se precisa de muito para sair de uma infelicidade que parece infindável e reconhecer o quanto a vida é bela e valiosa.

Minha vida mudou, eu mudei, assim como o relacionamento com meus filhos e meu marido ficou mais rico e maduro, pois hoje posso me doar de forma mais intensa. Estou passando à minha família o amor que sinto por mim mesma. "As oportunidades de hoje apagam os fracassos de ontem", disse Gene Brown. Fico feliz por essa frase se aplicar à minha existência.

(Re)descobrindo a própria criatividade

Neste livro, apresento possibilidades para você aprender a reabrir o caminho para as suas fantasias e desejos, libertar a criança que está dentro de você e redescobrir a sua criatividade e a si mesma em toda a sua riqueza interior. Deixe-se levar pelos seus sentimentos e necessidades espontâneas. Ria ou chore quando tiver vontade, e aproveite cada experiência que revele uma nova faceta resplandecente da sua personalidade. Minhas sugestões são facilmente adaptáveis aos diferentes desejos e preferências de cada leitora. A intenção, no entanto, é que todas elas possam ser concretizadas sem muito esforço.

Instruções para o melhor manuseio

Algumas das sugestões podem ser aplicadas em diferentes situações cujos temas no entanto são semelhantes. No fim de determinados capítulos, faço referência a outros trechos do livro que têm relação com aquele tema. Essas indicações possibilitam a leitura de acordo com os seus interesses em particular. Além disso, os capítulos são organizados em cinco grupos temáticos básicos que, com a ajuda das vinhetas, podem ser facilmente encontrados. Esses grupos refletem temas básicos de grande importância para o bem-estar e a realização da vida feminina:

representa o autoconhecimento e a meditação, a viagem pelo próprio interior.

 simboliza o caminho para fora, a nossa relação com o mundo exterior.

 faz referência ao corpo e abrange temas como saúde, beleza e cuidados com o corpo.

 indica a esfera dos prazeres da vida e a realização de desejos.

 indica os temas relacionados com o carisma e a irradiação pessoal.

Desejo a você muita diversão, sucesso e felicidade no (re)encontro com o seu *eu* original, verdadeiro e belo!

SINTO-ME BEM?

No seu interior estão uma tranqüilidade e um refúgio nos quais a qualquer hora você pode se recolher e ser você mesma.

Hermann Hesse

A princípio, a idéia de um "dia para o bem-estar" parece estranha para algumas mulheres. Ou elas sofrem de falta crônica de tempo porque têm de dividi-lo entre o trabalho e a família, o que faz de qualquer ocupação consigo mesmas um luxo; ou elas estão felizes como donas-de-casa, ou têm sucesso profissional, e acham que estão se sentindo bem de forma geral. Entretanto, em conversas mais profundas, verifica-se que mesmo aquelas mulheres para as quais tudo parece estar na mais perfeita ordem não são felizes de verdade. Elas desfrutam de segurança material e prosperidade, seguiram uma carreira profissional, têm prestígio, e às vezes até poder. Mas um ponto muito importante foi deixado para trás em suas vidas: o contato com seus sonhos de criança, o encontro com o seu *eu* espontâneo, seja ele triste, furioso ou alegre: o "eu infantil".

Independentemente da categoria de mulher à qual você acha que pertence, experimente fazer um pequeno teste. Recolha-se a um canto onde possa pensar sossegada sem ser interrompida. Você precisa de uma caneta e de uma folha de papel em branco para anotar o seguinte:

Propósito: Quero tirar um tempo para fazer um balanço da minha vida e descobrir se estou satisfeita com o seu decorrer até agora.

Teste:
Você se sente bem?

1. Pense na menina que era quando tinha 10 anos. Tente imaginar da maneira mais exata possível como você se sentia e pensava. Anote suas expectativas em relação à vida, que perspectivas a alegravam, o que desejava para si mesma e o que você temia.
2. Pense agora na moça que era ao sair da escola e faça as mesmas recapitulações, só que desta vez da perspectiva de uma jovem adulta.
3. Agora, compare essas expectativas, sonhos e medos com a sua vida atual. Que desejos se tornaram realidade? Que sonhos não foram realizados? Que medos você ainda arrasta consigo ou, ao contrário, mostraram-se infundados?
4. Por último, reflita sobre o que você teria vontade de fazer. O que você mudaria na sua vida? Quais dessas mudanças poderiam ser concretizadas? O que deu certo e ainda poderia ser aprofundado? Que experiências gostaria de fazer, mesmo que apenas uma vez, talvez até em segredo? Aproxime-se dos seus sonhos e fantasias mais secretos, não tenha vergonha de trazê-los à tona e anotá-los no papel. Inicie suas frases assim: "Eu gostaria de"... Se o seu desejo for algo genérico, como por exemplo: "eu gostaria de um marido, uma casa e filhos", relacione os passos necessários para a realização desses objetivos ambiciosos: "Conhecer alguém/festa/escritório/aula de dança/conferência/coral..."

Quanto mais preciso for o desejo, mais fácil será realizá-lo

Se um dos desejos é: "Eu queria ter mais tempo para mim mesma", pense no que você gostaria de fazer com esse tempo. Por exemplo: ler, praticar mais esporte, ouvir música, passar uma tarde fazendo compras com uma amiga, ver uma determinada exposição, aprender algo novo, pintar, fazer música, escrever um diário, meditar, ir à sauna, ser massageada, fazer algo pela sua beleza... Quanto mais precisamente você conseguir conceber um desejo, tanto mais fácil será realizá-lo. "Mais tempo para mim" é muito vago e quase nunca concretizável; mas com um pouquinho de jeito qualquer um consegue tirar uma tarde ou uma noite para um determinado propósito.

O primeiro passo para o bem-estar e a alegria de viver

E assim você deu o primeiro passo rumo a uma existência, a princípio ocasional, mas aos poucos duradoura, cheia de bem-estar e alegria de viver.

Pendure a lista na parede ou guarde-a num lugar ao qual só você tenha acesso. Talvez você queira estabelecer um pequeno sinal que a qualquer hora lhe traga a existência dos seus desejos à lembrança, algo como uma rosa sobre a escrivaninha, ou uma poesia de que goste na parede, uma citação, uma fita de sua cor predileta presa ao travesseiro...

Quanto mais precisamente for concebido um desejo, mais cedo ele se deixará realizar.

Afirmação: Nas profundezas do meu ser, meus desejos e objetivos ficam mais claros. Essa clareza eu pretendo manter e seguir.

Escreva um diário no qual você poderá desabafar sempre que estiver insatisfeita, estressada ou sobrecarregada. Formule seus desejos e os pequenos passos que levam à sua realização. E, finalmente, reserve um espaço onde poderá registrar o que fez de concreto para torná-los realidade. Descreva também a sensação de felicidade ou satisfação que sentiu em seguida.

➡ Como ouvir a mim mesma: uma viagem pelo corpo / Quem sou eu? / Multiplicidade de facetas: jogos de transformação

COMO OUVIR A MIM MESMA: UMA VIAGEM PELO CORPO

Cada pessoa faz do seu corpo o seu templo.

Henry David Thoreau

Você está com dor de barriga e, de repente, percebe que nos últimos tempos essa dor tem aparecido com mais freqüência. A recente consulta ao ginecologista revelou que tudo estava em ordem, mas ainda assim aquela dorzinha continua lá, reaparecendo sempre no mesmo lugar. Qual será o significado disso? Talvez o seu corpo queira dar a entender que algo não anda bem, que existe uma necessidade de reflexão e de introspecção.

Fantasie uma viagem pelo seu corpo para examinar a situação a fundo. Deite-se confortavelmente num lugar tranqüilo, feche os olhos e respire profundamente. Deixe os seus pensamentos soltos, sem interrompê-los. Antes de iniciar a viagem, faça um "relaxamento muscular" (páginas 30-31) para preparar o corpo e o espírito para a mensagem que os espera.

Aprendendo a compreender a linguagem corporal: uma viagem pelo corpo

Penetre no seu corpo mentalmente através de uma abertura como a boca, por exemplo. Observe o céu da boca, sinta o calor úmido, perceba a cor avermelhada. Cumprimente a sua boca, elogie o seu bom trabalho ao respirar, falar, mastigar, cantar, beber, rir. Toque suavemente as lisas paredes internas das bochechas e a superfície áspera da língua. Sinta o seu movimento constante e sensível.

Viagem pelo corpo

Propósito:
Estarei aberta à linguagem do meu corpo e farei dele um sábio interlocutor.

Prossiga lentamente e deslize garganta abaixo. Permaneça por um momento na divisão da traquéia. Olhe através da abertura e imagine-se bem adiante, na rede de canais bronquiais que leva aos pulmões. Ouça o sibilar constante da respiração, desfrute da etérea luz azul.

Siga adiante, rumo ao estômago e outros órgãos abdominais: pâncreas, fígado, baço, vesícula biliar, rins e intestinos. Uma visita ao coração e ao cérebro é indispensável. Vá também aos órgãos dos sentidos e órgãos sexuais. Onde quer que você pare, qualquer que seja o órgão que você saudar, não tenha pressa. Perceba cada detalhe: cores, formas, temperatura, sons e, acima de tudo, sensações. Pergunte a todos sobre suas condições e seu bem-estar, agradeça-lhes, elogie seu trabalho bom e confiável, ouça seus conselhos ou prometa ser mais atenta no futuro.

Observe se as dores de barriga constantes vêm do intestino ou do útero. Isso é fácil de descobrir, principalmente se você prestar atenção ao estado de ânimo em que se encontram. Esses humores se manifestarão automaticamente a você. Pergunte ao seu útero por que ele está tão triste que de vez em quando se encolhe de dor. O que você pode fazer para combater a causa dessa dor?

Seja especialmente carinhosa com a parte do corpo que está sofrendo e concentre-se em suas dores e preocupações. Ao se fundir e se identificar com o seu interior, você de repente verá com clareza o que não está certo. Talvez você deseje um filho, ou esteja infeliz pelo fato de a paixão sexual ter virado rotina. Talvez sinta que seu companheiro a esteja tratando com menos carinho, ou que os seus sentimentos em relação a ele tenham se dissipado. Sejam decepções, desejos não-realizados ou a forma inadequada de viver: o corpo dirá, você reconhecerá de repente o problema e talvez até veja uma solução.

Corpo e alma:
harmonia que traz felicidade.

No final da viagem você sentirá a profunda gratidão pela harmonia que sente como ser humano, na qual corpo e mente trabalham juntos, formando uma união inseparável. Você pode confiar em si mesma, encontrar forças para reconhecer os problemas e solucioná-los. Talvez fique triste pela mensagem que recebeu durante a viagem pelo seu corpo, mas de todo jeito se sentirá estimulada e fortalecida por essa vivência forte, emocionante e cheia de aventuras.

Afirmação:
Meu corpo me ajuda a resolver problemas. Ele é belo e inteligente. Nele eu posso confiar.

➡Quem sou eu? / Análise introspectiva / Confie na intuição

COMO FORTALECER A AUTOCONFIANÇA: VISUALIZAÇÕES

A autoconfiança é a chave
que abre quase todas as portas.

Sabedoria antiga

Toda mulher tem pensamentos de autodestruição. Quando nossa auto-estima está a zero, é porque já vivemos há muito tempo em desamor. Não é preciso muito para, numa situação dessas, nos lançarmos num abismo de inseguranças. "Eu sempre soube: sou simplesmente burra, feia, chata, desinteressante...!" Sem querer, caímos num redemoinho que nos puxa cada vez mais para o fundo com essa autocrítica arrasadora.

O círculo vicioso da autocrítica

Existem muitos métodos simples para acabar com essa raiva de si mesma. Quando, na maior crise da minha vida, eu não conseguia descobrir mais nada de bom em mim, tentei "sistematizar" o meu lado negativo, como se eu quisesse provar cientificamente que não era capaz de fazer nada positivo. Cheguei a me sentar para anotar todas as minhas características negativas. Mas quando eu estava no limite dessa situação, uma oposição silenciosa começou a crescer dentro de mim. Aos poucos essa voz interior tomou a palavra e um diálogo se estabeleceu:

Enquanto a voz crítica afirmava que eu era descuidada e relaxada, a outra voz dizia que, quando me arrumava, não era

Deixe sua voz interior tomar a palavra

difícil eu ficar bonita. A cada ponto negativo ela contrapunha um argumento que parecia sensato.

Propósito: Serei justa e darei a palavra a todas as vozes dentro de mim.

Essa conversa me encorajou e eu recomecei: Dessa vez fiz uma lista em duas colunas, à esquerda anotei os pontos críticos; à direita, os contra-argumentos da minha voz interior positiva.

Manter uma opinião honesta sobre si mesma

Desde então, não deixei mais de lado esse diálogo interior. Ele me ajuda a definir a minha personalidade. Dessa forma, com o tempo surgiu uma mulher com traços positivos e negativos, um retrato aberto e honesto do qual me orgulho. E assim eu me aceito. Posso confiar nesse *eu* com seus lados claros e escuros; posso tirar forças dele. E quando a situação piora de novo e eu me sinto muito insegura, dou uma olhada na minha lista e procuro minhas características positivas para meditar a respeito delas.

Visualizações positivas

Um exemplo: eu me vejo numa festa de verão no jardim. Estou usando meu vestido predileto; sinto-me bonita e cheia de vida. Meus melhores amigos estão presentes, pessoas que me consideram e gostam de mim. Nós rimos felizes uns com os outros; a atmosfera é leve e solta. O ar está cheio de aromas florais. Ouço o som das águas de um córrego e o primeiro canto de um pássaro noturno. O *buffet* oferece meus pratos prediletos; o vinho é delicioso. Sinto o toque sensual de uma mão nas minhas costas. Eu me sinto aceita e amada.

A força sugestiva das imagens

As visualizações têm um enorme "poder". Elas podem influenciar nosso comportamento e procedimentos corporais. Basta pensar na força sugestiva de determinadas situações abstratas: a lembrança de nossa comida predileta dá água na boca; a lembrança de cenas eróticas gera excitação sexual. Com projeções, consegue-se inclusive influenciar doenças. Use essa força para modificar positivamente, por meio da fantasia, seu comportamento e sua auto-imagem.

As afirmações têm um forte poder de auto-sugestão. Pense numa sentença que lhe faça bem e lhe dê forças. Formule-a sempre de forma positiva. Não diga: "Eu não sou mais fraca"; use a forma positiva: "Sou forte." Diga essa frase com a maior freqüência possível. Quando estiver sozinha, diga-a em voz alta; em outras situações, só o pensamento já ajuda.

➡ Sou forte, saudável e feliz: o poder da auto-sugestão

Afirmação:
Meus pontos fracos e fortes pertencem a mim. Eu os conheço muito bem e sei que posso confiar em mim mesma.

SAUDÁVEL E BONITA

Noventa por cento da nossa felicidade depende unicamente da saúde.
Com ela, tudo se torna uma fonte de prazer.
Sem ela, ao contrário, nenhum
bem mundano, seja qual for, é desfrutável.

Arthur Schopenhauer

Talvez você já tenha se perguntado como algumas mulheres conseguem manter a pele lisa e saudável, cabelos sedosos e volumosos e um corpo atlético, enquanto você ainda se irrita com uma ou outra espinha, com os cabelos que em certos dias ficam escorridos e sem vida e, para completar, ainda se sente completamente esgotada.

Você não precisa passar horas num instituto de beleza para ser "retocada" externamente. Mais simples, honesta e barata é a beleza que vem de dentro, e boa parcela dela depende dos nossos hábitos e da nossa alimentação.

Entre as próximas dicas, experimente aquelas que estão mais de acordo com o seu ritmo e meio de vida.

- Beba muito líquido. A pele ficará mais lisa e elástica e muitas toxinas serão eliminadas do corpo se você conseguir tomar três, quatro ou mais litros durante o dia. Água, chás de frutas ou ervas, sucos de verduras ou frutas são indicados — ao contrário de café e bebidas alcoólicas.
- O estrógeno é um autêntico hormônio de beleza. Ele impulsiona a circulação sangüínea na epiderme e propicia a formação de colágeno para os tecidos conjuntivos, que dá à pele uma aparência rosada e saudável. O estrógeno regula também a função das glândulas sebáceas e faz com que

o cabelo cresça forte e sedoso. Podemos estimular a produção desse hormônio em nosso corpo tomando um chá de folhas de morango e de framboesa, alquemila e milefólio (três colheres num bule, dez minutos de infusão). Esses ingredientes podem ser colhidos e secos ou adquiridos em farmácia. Além desse chá, alguns óleos etéricos estimulam ou regulam a produção hormonal, por exemplo, óleo de jasmim, rosa e gladíolo (os três são relativamente caros) ou os óleos de milefólio, estragão, lúpulo ou sálvia de moscatel, um pouco mais acessíveis.

- Vitaminas, microelementos e sais minerais influenciam visivelmente a saúde, o que se reflete na nossa aparência. Uma vez que existem fartas descrições sobre a origem e a atuação dessas substâncias[1], eu me limito às mais importantes para a pele e os cabelos:
- É bastante conhecido o efeito das vitaminas B sobre a pele, as mucosas e os cabelos, assim como sobre o sistema nervoso, a produtividade e o equilíbrio mental. Essas vitaminas aparecem em alimentos integrais, carne magra, fígado e no lêvedo de cerveja. Também podem ser encontradas em pó nas casas de produtos naturais e ingeridas diariamente com água.
- Devido ao seu efeito antioxidante, a vitamina E protege as células epidérmicas e as mucosas. Sensível à luz e ao oxigênio, ela é encontrada principalmente em alimentos de origem vegetal, como cereais integrais, nozes, leguminosas e diversas verduras.
- A vitamina C fortalece o sistema imunológico. Também tem efeito antioxidante, portanto, protege as células, fortalece o tecido conjuntivo, os dentes e os ossos. Essa vitamina é necessária para a formação do colágeno, substância que mantém unidos pele, ossos, tecidos, ligamentos e dentina. Além disso, participa na produção de determinados hormônios que exercem influência sobre o nosso equilíbrio mental, assim como sobre o nosso bem-estar. A vitamina C é encontrada em grande concentração nos seguintes alimentos: groselha, acerola, morango, kiwi, fruto da

---

1. Recomendo a leitura do livro *Das Schwarzkümmel Praxisbuch*, Munique, 1997, de Anne Simons, no qual a ação das vitaminas e sais minerais, assim como as conseqüências da sua ausência no organismo, são descritas sistematicamente. O livro também informa os alimentos que podem suprir nossa necessidade diária dessas substâncias.

roseira, pimentão vermelho, repolho, batata inglesa, saladas verdes, ervas, brotos e sementes diversas.

- O beta-caroteno é vital para a pele, as mucosas e os cabelos. Ele protege as células e fortalece o sistema imunológico. Essa substância transforma-se em vitamina A no organismo. Como o excesso de beta-caroteno é armazenado nas células, não há perigo de superdosagem. Seu efeito mais conhecido é a cor de cenoura da pele de alguns bebês. Sua ingestão é indicada principalmente no inverno, pois transforma a palidez comum nessa época num tom de pele mais saudável.
- A biotina (antes chamada vitamina H) é necessária para os cabelos, pele e mucosas. Pode ser encontrada no lúpulo, nos miúdos, saladas verdes, verduras, ovos cozidos e frutas.
- Substância indispensável para a divisão e a renovação celular, o ácido fólico é encontrado no lúpulo, no fígado, no gérmen de trigo, nas verduras de folhas verde-escuras, assim como em saladas verdes, batatas, nozes, bananas e frutas cítricas.
- Os microelementos zinco e selênio também são responsáveis pela aparência saudável da pele e dos cabelos. Podemos encontrá-los no lúpulo, na carne magra de boi, no fígado, no leite, determinadas verduras e cereais integrais.

Uma alimentação completa já é metade do caminho

Se aplicarmos esses conhecimentos de acordo com as exigências nutricionais diárias, pode-se dizer que com essa alimentação sadia e balanceada, estaremos ingerindo todas as substâncias necessárias. Para ter certeza absoluta, pode-se consumir mais lúpulo, que contém grande quantidade de vitaminas importantes para a pele e os cabelos.

Os óleos fazem maravilhas

Óleos vegetais extraídos a frio exercem tanto um papel terapêutico como preventivo e cosmético para a saúde e a beleza. Junto à grande variedade de vitaminas e sais minerais, suas substâncias mais importantes são as gorduras não-saturadas, que fazem bem ao organismo externa e internamente. Elas curam feridas, impulsionam a circulação sangüínea, combatem infecções, controlam a taxa de colesterol no sangue e harmonizam processos hormonais no corpo. O óleo de prímula, por exemplo, contribui com sua grande quantidade de ácido gama-linoléico para a produção de prostaglandina, que por sua vez colabora de várias formas para o funcionamento do sistema imunológico.

Outro fornecedor ideal de gorduras essenciais para uma pele saudável é o óleo egípcio de cominho preto, que contém ácido linoléico. Ele combate com sucesso doenças da pele como neurodermite, acne e alergias.[2]

Se você está infeliz com a sua pele, posso lhe recomendar um tratamento de pelo menos seis semanas com prímula e óleo de cominho preto, com os quais eu mesma tive experiências muito positivas, assim como várias outras pessoas. Ambos os óleos são encontrados em cápsulas nas farmácias.

Se aplicadas regularmente, as máscaras para o rosto e os cabelos ajudam no processo interno de embelezamento. Experimente esta receita:

Cosméticos naturais ao alcance de todos

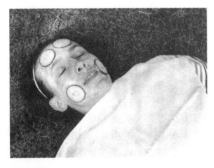

Uma máscara natural relaxa e purifica a pele.

Máscara natural para o rosto:
Bata uma gema de ovo até espumar e junte duas colheres de sopa de óleo de gérmen de trigo. Adicione um pouco de suco de limão (fecha os poros) e, se quiser, algumas gotas de um óleo etérico como o de rosas ou, mais barato, o de roseira brava. Passe a mistura sobre a pele limpa, deixe secar e lave após vinte a trinta minutos. A pele do rosto estará visivelmente purificada. Caso a faça em maior quantidade, passe essa máscara também nos cabelos, pois faz muito bem. Contra a pele ressecada, aplique algumas rodelas de pepino no rosto de vez em quando.

Receita caseira

Afirmação:
Eu estou cheia de saúde e vitalidade que se refletem na minha aparência.

➡ Bem-estar por intermédio do movimento / Abaixo as gordurinhas / Uma forte irradiação positiva / Óleos para o corpo e a alma

---

2. Uma descrição abrangente do efeito dos óleos vegetais é dada no livro *Öle für Körper und Seele*, Munique, 1997, de Anne Simons.

O PRAZER DE DORMIR

O sono é para as pessoas o que
a corda é para o relógio.

Arthur Schopenhauer

Simplesmente dormir! Quem não conhece a necessidade de dormir um sono gostoso e fácil? Nada de brincadeiras sexuais à noite, nada de aventuras emocionantes com o sexo masculino... Que tranqüilidade mergulhar, afundar no esquecimento, nos nossos sonhos, num outro mundo. Entregue-se a essa necessidade básica!

Dê a si mesma uma rodada extra de sono numa fase que esteja exigindo muito esforço de você, ou mesmo quando estiver se sentindo simplesmente cansada. Planeje um final de semana ou um dia só para dormir. Caso nenhum dos dois seja possível, vá duas horas mais cedo para a cama por três dias seguidos. Dormir algumas horas a mais opera milagres.

Dormir embeleza Dormir embeleza! Durante o sono, principalmente na fase mais profunda, o corpo libera somatropina, o hormônio do crescimento que ativa o metabolismo e nos mantém esbeltas. É também durante o sono que o corpo regenera as células e a psique. Entretanto, deve-se evitar tomar comprimidos para dormir, pois eles influenciam o ato de sonhar e levam à sensação de depressão. Procure relaxar antes de dormir; dê um passeio a pé ou pratique algum esporte leve; troque o vinho e a cerveja da noite por um copo de leite quente. É a bebida ideal para adormecer, pois contém o aminoácido triptofano, que comprovadamente gera bem-estar, levando ao sono profundo. Uma xícara de chá de erva-de-são-joão também ajuda a dormir.

O sono pode fazer milagres — e embeleza!

Cores e aromas

Troque a roupa de cama, preferindo lençóis azuis, claros ou escuros, pois o azul estimula um sono profundo. Uma boa idéia é pendurar a roupa de cama ao ar livre para secar, de forma que ela traga consigo o aroma de flores ou de grama recém-cortada. Outra forma de perfumar a roupa de cama é colocar na máquina de lavar gotas de algum óleo etérico, por exemplo lavanda, que tranqüiliza, ou laranja, que propicia um sono reparador.

Um delicioso banho de banheira para um sono profundo

Antes de ir para a cama, mime a si mesma com um banho muito especial: misture cinco gotas de óleo de sândalo com cinco gotas de óleo de laranja em três colheres de sopa de mel ou de creme de leite e jogue na banheira cheia de água. Não se seque totalmente; o mais importante é hidratar carinhosamente o corpo inteiro com óleo ou creme.

Caso você tenha propensão a ter pesadelos ou sono agitado, use esse óleo que você mesma pode preparar: numa mistura de 30ml de óleo de erva-de-são-joão com 30ml de óleo de jojoba, adicione sete gotas de óleo etérico de manjerona, cinco gotas de óleo etérico de rosas e três gotas de óleo etérico de jasmim. Essa mistura de óleos duplica o efeito de bem-estar, penetrando através da pele até os vasos sangüíneos e linfáticos, e através das vias aéreas até o cérebro, que influencia nossas sensações pelo sistema límbico. Além disso, o prazer de cheirar bem nos acompanha durante o sono. Talvez você queira adormecer ao som de música; talvez queira ainda desfrutar de uma agradável atmosfera à luz de velas alguns minutos antes de dormir (cuidado com a vela acesa!). Imagine o aroma de um mar de flores.

Propósito: Hoje irei cedo para a cama e darei novo vigor ao corpo e à alma com um sono profundo. Meditarei para dormir.

Alegre-se com o mergulho profundo numa tranqüilidade cheia de paz que a meditação lhe proporcionará.

Imagine que o seu pé direito vai ficando pesado e cansado e diga ou pense três vezes a frase: "Meu pé direito está ficando pesado, meu pé direito está ficando com sono." Prossiga corpo acima e imagine cada parte do corpo ficando pesada e sendo tomada pelo sono, enquanto você repete a mesma frase. Quando finalmente a cabeça também estiver pesada e cansada, diga a si mesma várias vezes: "Um sono doce e profundo me envolve. Eu estou feliz."
E boa noite!

Entregue-se à sua necessidade de dormir

Assim como cedemos à fome e à sede, devemos nos entregar à necessidade que o corpo tem de dormir. Freqüentemente, o trabalho e as exigências dos filhos impedem que nos retiremos para uma soneca regeneradora de poucos minutos. Tente, talvez depois do almoço, cair em estado semelhante ao sono por um curto espaço de tempo. Recoste-se e feche os olhos, entregue-se ao cansaço. O corpo se desliga automaticamente. Uma ausência de alguns segundos ou de alguns minutos de sono são suficientes para renovar suas forças.

➡ Saudável e bonita / Descanse o corpo: relaxamento muscular

Afirmação: Mergulho com prazer num sono profundo. Meu corpo e minha alma descansam e rejuvenescem.

DESCANSE O CORPO: RELAXAMENTO MUSCULAR

Precisamos de tranqüilidade
para sensibilizar almas.

Madre Teresa de Calcutá

Você teve um dia excepcionalmente cansativo; está nervosa e tensa. Os músculos da nuca estão dolorosamente tensos e você sente uma forte inquietação.

Por que não relaxa? Deixe o trabalho de lado, cancele os compromissos marcados. Agora é a sua vez de descansar, de se abastecer de tranqüilidade e forças. Para isso, há muitas possibilidades à sua disposição: um banho quente com óleos ou ervas, sua música predileta ou uma massagem a dois.

Uma técnica que acaba com qualquer tensão

Uma técnica de repouso descomplicada, rápida de aprender e bastante eficiente é o relaxamento dos músculos, com o qual você acaba com qualquer tensão e retesamento corporal. Se a aplicar regularmente, em breve você terá a capacidade de, em situações de *stress*, relaxar fisicamente em poucos minutos.

Relaxamento muscular

Sente-se confortavelmente, apoiando as mãos nas coxas e deixe a cabeça levemente inclinada. Feche os olhos, inspire e expire profundamente cinco vezes, seguindo a respiração com sua visão interior.

Agora dirija a atenção aos seus pés. Concentre-se cinco segundos na tensão de cada um deles: primeiro no direito, depois no esquerdo. Então "inspire" até os pés, enchendo de ar um e depois o outro. Quando expirar o ar dos pés, toda a tensão será eliminada com ele. Sinta como seus pés estão relaxados e descansados.

A seguir, dirija sua atenção às canelas, às coxas e repita o procedimento anterior com bastante concentração, de forma que a respiração elimine a tensão de todos os membros. Desloque-se pouco a pouco para cima e relaxe as nádegas, os músculos que apóiam a coluna, os músculos peitorais, mãos e braços, a musculatura do pescoço e da garganta, o queixo, as bochechas, as pálpebras e, por último, o couro cabeludo.

Você pode acelerar o processo de relaxamento se, ainda na fase de tensão, enrijecer os músculos por alguns segundos e depois soltá-los. Concentre-se, por exemplo, na tensão dos músculos das nádegas e ao mesmo tempo procure retesá-los com força. Solte-os após cinco segundos e, enquanto a sua respiração leva embora a tensão, você sente o relaxamento se espalhar, até que finalmente o corpo inteiro esteja leve e solto.

Propósito: Quero me aperceber dos meus músculos e senti-los enrijecendo e relaxando.

Se você fizer este exercício regularmente, de preferência à mesma hora, depois de algum tempo bastarão alguns impulsos iniciais para que os músculos tensos relaxem: sente-se na posição já conhecida, respire profundamente várias vezes, retese e relaxe em três minutos porções maiores do corpo, como os dois pés, as pernas, as nádegas, barriga, costas, pescoço, mãos, braços e finalmente a cabeça. Com um pouco de prática, o seu corpo conseguirá trocar de "retesar" para "relaxar" de forma rápida e eficiente.

Você ainda pode ajudar a si mesma dizendo ou pensando: "Meus pés estão relaxando — meus pés estão relaxados."

Afirmação: Sinto a tranqüilidade e o relaxamento me invadirem. A paz toma conta de mim.

➡ O prazer de dormir / Qual é a forma de meditação ideal?

QUEM SOU EU?

A alma humana é como uma cela
a que sempre precisamos nos recolher para
ver a verdade.

Santa Catarina de Siena

Em nossa sociedade, são poucas as pessoas que resistem à pressão para se encaixarem em papéis preestabelecidos. Desenvolvemos estratégias para conviver com eles, nos desfazermos deles ou (com mais freqüência) trocá-los por outros, de acordo com a situação.

Aprisionada no teatro da vida

Muitas vezes, no entanto, caímos numa armadilha, acabamos enroladas na teia desse teatro e não sabemos mais quem somos: A mãe altruísta, a esposa cheia de consideração, a paciente e sempre sorridente secretária ou a mulher emancipada. De uma forma ou de outra, os papéis sociais que desempenhamos são artificiais. No entanto, a pressão dentro de nós torna-se imensa se deixamos de manifestar ou mesmo vivenciar toda a variedade de emoções que temos dentro de nós como luto, fúria, indignação, inveja, prazer, gratidão, desespero ou ódio. Ou descarregamos essas emoções reprimidas de forma descontrolada e completamente inconveniente em situações imprevisíveis, ou ficamos depressivas.

Quando você se sentir presa em algum papel e não souber mais quem você é, fantasie uma viagem à fonte do seu ser: lá você encontrará clareza.

Uma viagem assim é uma experiência bonita e enriquecedora, não só quando estamos à procura de nós mesmas.

Viagem fantástica à fonte do seu ser

Você passou por um relaxamento muscular (páginas 30-31)
e está deitada confortavelmente, com as pernas estendidas,
braços caídos ao lado do corpo, olhos fechados.

*Você flutua num colchão de ar, balançando suavemente so-
bre as águas de um profundo lago azul. As ondas se aproximam
das margens, fazendo um barulhinho agradável ao tocá-las. Você desliza para a água e em poucas braçadas atinge a margem.
Você se seca e sente um frescor agradável.*

*Seu olhar corre por uma maravilhosa paisagem de coli-
nas, bosques e campos verdes atravessados por córregos. Você
se sente leve e alegre e se prepara para ir embora. Sente uma
saudade indefinida seguindo-a como um aroma trazido pelo
vento. Você passa por um gramado cheio de flores coloridas que
lhe chegam aos joelhos. As abelhas recolhem ansiosamente o
néctar, zangões voam sem rumo de um lado para outro, os pássaros gorjeiam, o ar cheira a mel e feno.*

*À borda da floresta, você vê um veadinho que desaparece
entre as árvores. Você resolve segui-lo e mergulha no verde-es-
curo da floresta. Sons abafados e uma luz filtrada envolvem-na
como numa catedral... Como uma pena você flutua pelo chão
coberto de musgo. Respirando fundo, enche os pulmões com o
límpido ar da floresta. Você sente que o seu âmago se purifica.*

*Subitamente, você ouve um murmúrio e, seguindo-o, en-
contra um riacho de águas cristalinas que pulam sobre pedras
tomadas por limo. Você bebe dessa água pura e segue contra a
correnteza. A floresta fica mais fechada, a meia-luz envolvente
é cortada por uns poucos feixes dourados de sol.*

*Enfim, você chega à nascente do córrego. Fascinada, ob-
serva o jorro a borbulhar produzindo milhares de cristais cintilantes. Seu olhar está fixo nesse redemoinho e, de repente, você reconhece formas que brotam ao mesmo tempo do interior da
terra e do âmago do seu ser. Você reconhece rostos e figuras e
todos a cumprimentam. Quanto mais tempo você observa, mais
bonitas e ricas tornam-se as formas às quais você, com gratidão, se sente ligada.*

*Aos poucos você fica cansada. Prometendo voltar, você se
despede da nascente e retorna pelo mesmo caminho: através da
floresta, sobre o gramado à beira do lago. Suada e·agradavel-*

mente esgotada você mergulha na água, sobe novamente no seu colchão de ar e descansa com a sensação de ter alcançado muitas coisas e vivido uma experiência inacreditavelmente bela.

Muitas vezes essa viagem fantástica é esclarecedora. Subitamente reconhecemos nossas necessidades e desejos de forma mais clara, assim como separamos o essencial do desnecessário. Talvez as figuras da nascente tenham mostrado que determinados papéis lhe foram impostos. Talvez alguns hábitos antigos lhe sejam profundamente desagradáveis e só agora você perceba isso. A carinhosa mãe e dona-de-casa, que de noite prepara com esmero a refeição para a família (e possivelmente não recebe uma só palavra de reconhecimento) — não é você! A esposa paciente, que todas as noites ouve com interesse as histórias do trabalho do marido — não é você! A gerente dinâmica, que sempre se mostra forte e inflexível — não é você!

Propósito: Na quietude me concentrarei completamente em mim mesma e ouvirei minhas verdadeiras necessidades.

Mas, em lugar disso, o que você viu na nascente? Procure características de sua personalidade que considera corretas e importantes e pense nas que gostaria de mudar, de forma que também essas sejam corrigidas. Uma pequena modificação pode levar todos a se sentirem bem no teatro social da vida, inclusive você!

Afirmação: Minha voz interior mostra-me o caminho.

➡ Análise introspectiva / Multiplicidade de facetas: jogos de transformação / Como encontrar clareza / Qual é a forma de meditação ideal?

LIMPEZA DA PRIMAVERA: ORGANIZANDO DENTRO E FORA*

Uma ou duas vezes por ano, tenho uma crise: de repente, sou tomada por uma vontade incontrolável de limpar e arrumar tudo nos mínimos detalhes. Como um furacão, vou em direção ao meu quarto, esvazio as gavetas da escrivaninha e separo toda a papelada da qual não preciso mais. Cheia de prazer, passo um pano sobre a mesa, tiro o pó da estante e livro-me dos livros já lidos. Então limpo os vidros, lavo as cortinas, bato o tapete lá fora, limpo o chão...

A primeira satisfação sinto quando o quarto está pronto, livre da poeira e do mofo dos últimos meses, fresquinho, cheirando a limpeza.

Mas a minha fúria de limpeza está longe de terminar: sigo adiante rumo à cozinha, ao banheiro e aos outros quartos até chegar ao porão. A geladeira e a despensa ficarão livres de todas as sobras inúteis acumuladas, observarei crítica as datas de vencimento, roupas velhas serão doadas, brinquedos inúteis irão para o mercado de coisas usadas. Quanto mais organização eu imponho, melhor me sinto.

---

*N.T.: A chamada limpeza da primavera é uma tradição na Alemanha, sendo considerada uma espécie de ritual de libertação de um longo e escuro inverno. Lá, tudo parece renascer nesta mudança de estação, inclusive as pessoas.

Equilíbrio interior por meio da organização exterior

E todas as vezes eu chego com surpresa à seguinte constatação: enquanto eu organizo as coisas ao meu redor, atinjo a tranqüilidade interior. A ordem exterior é um caminho para, ao mesmo tempo, encontrar ordem e clareza dentro de mim.

Depois do esforço físico exigido por uma limpeza assim, ao qual meu corpo não está acostumado, sinto-me cansada mas absolutamente satisfeita.

Para a noite fica apenas a limpeza pessoal: caso ainda tenha reservas suficientes, vou à sauna, onde posso me libertar das toxinas através do suor. Ou tomo um banho de banheira e vou para a cama com um livro que inspira pensamentos pacíficos e sublimes. Após uma longa e revigorante noite de sono eu me sinto muito bem na manhã seguinte e posso iniciar o dia com um novo impulso.

Afirmação: A ordem ao meu redor me enche de satisfação.

➡ Jejum terapêutico para a limpeza interior

ANÁLISE INTROSPECTIVA

É inacreditável a força que a alma proporciona ao corpo.

Wilhelm von Humboldt

A saúde e o bem-estar começam na nossa cabeça. Os pensamentos influenciam nosso estado de saúde, pois a alma e o corpo se completam numa união cujas fronteiras são fluidas. Por intermédio do raciocínio e da percepção, podemos colaborar muito para termos um corpo saudável e um mundo emocional harmonioso, concentrando-nos no que é bom e positivo e mantendo-nos distantes da falta de harmonia e de amabilidade, das dissonâncias e dos maus pensamentos. A percepção da beleza e da felicidade conduz à sua fruição. Por isso, uma recapitulação noturna das boas experiências é um grande passo rumo a uma vida saudável, plena e feliz.

A percepção da beleza e da felicidade nos leva a experimentá-las

No fim do dia, arranje um tempo para repassar os acontecimentos do dia com toda a tranqüilidade. Esse recolhimento serve para harmonizar ao mesmo tempo o corpo e a alma. Sentada ou deitada, inspire e expire regularmente pelo nariz, soltando-se ao ritmo dessa respiração fluida que aos poucos vai contagiando os seus pensamentos. Deixe os fatos vividos passarem diante dos seus olhos e, acima de tudo, concentre-se nas coisas boas que envolveram o seu corpo e a sua alma. Todos os sentidos participam dessas lembranças.

Pergunte a si mesma que alimentos consumiu ou como relaxou ou se revigorou com alguns movimentos ao ar livre. O que você viu ou ouviu de bonito, que odores percebeu, o que saboreou, que toque suave sentiu? Que gesto foi carinhoso, quem foi amável e de grande ajuda? Os encontros negativos não foram tão significativos para que possam obscurecer as impressões alegres e agradáveis do dia.

Afirmação: Posso cultivar a minha paz interior por meio dos meus pensamentos e atitudes.

Encerre o dia com um sorriso na alegre esperança de que o amanhã também lhe traga muitas coisas boas. Essa maneira alegre e positiva de pensar nos mantém saudáveis e jovens e abre um caminho de vida cheio de sucesso e satisfação.

➡ Aprenda a ser confiante / Os otimistas são mais felizes

PLANTAS AO MEU REDOR

Você quer mudar as coisas ao seu redor, mas não tem dinheiro para comprar móveis novos. Use a fantasia. Arranje mais espaço, retirando um ou outro móvel volumoso sem trocá-lo por um novo. Plantas e arranjos de flores podem criar um belo efeito estético e trazer mais conforto, em especial a um aposento parcamente mobiliado.

Plantas verdes melhoram a atmosfera do ambiente, pois produzem oxigênio. Plantas individualistas como uma bananeira, um *Ficus benjamina*, ou um aspargo e, principalmente, um bonsai precisam de muito espaço ao redor e devem ficar sozinhas.

Traga bons fluidos à sua casa colocando flores sobre a escrivaninha ou sobre a mesa da copa. Não precisa ser um grande buquê. Uma simples rosa, três anêmonas, um par de mimosas também chamam a atenção, ainda mais se forem perfumadas.

Pequenos arranjos de grande eficácia

E caso você tenha uma varanda, poderá desenvolver um talento que até então não havia percebido. A enorme variedade de plantas e cores oferece inúmeras possibilidades de combinações com as quais você pode realizar todas as suas fantasias de tons e aromas. Decore a sua varanda com

Plantas tornam os cômodos da casa mais habitáveis, e melhoram a atmosfera do ambiente.

criatividade; talvez assim você até economize uma mudança! A vantagem da varanda é que ela pode ser modificada a cada estação, cada vez com uma combinação diferente.

Uma decoração criativa da varanda pode substituir as férias ou uma mudança de casa

E assim você cria um ímã para os olhos e para a alma: a combinação de dois ou três tons diferentes é especialmente harmônica. Um duo de tons pode consistir nos pares verde e magenta, amarelo e violeta, vermelho e azul, alaranjado e índigo. Belos trios formam as cores vermelho, verde e violeta assim como amarelo, azul e magenta. Arranjos em duo formam por exemplo o tabaco vermelho e as prímulas azuis, assim como em trio combinam o beijo-de-frade vermelho, o gerânio azul e as begônias amarelas.

Tudo é possível no mundo das plantas. Nele você pode unir cores que em outras circunstâncias não combinam, como por exemplo gerânios rosa-choque com tagetes alaranjados. Você chegará à conclusão de que todas as combinações de plantas têm uma irradiação muito positiva. Caso o contraste seja muito forte para o seu gosto, adicione algumas flores brancas à combinação e terá uma paisagem bonita como uma pintura.

As possibilidades de disposição das plantas tornam-se mais variadas se você distribuir as floreiras em alturas diferentes. Nas superiores, coloque plantas que se desenvolvem em direção ao chão, como por exemplo, campânulas, verbenas vermelhas, cravos de verão, perpétuas anãs amarelas, gerânios brancos, fúcsias lilases, lótus alaranjados e portulacas. As floreiras inferiores podem conter plantas que se desenvolvem verticalmente, como marias-sem-vergonha brancas, sálvias vermelhas, portulacas azuis, petúnias cor-de-rosa...

E não se esqueça de reservar um espaço para os temperos de cozinha, como basilicão, aneto, estragão, cerefólio, manjerona e salsinha.

Esse passatempo não apenas resultará numa varanda maravilhosa, digna de muita admiração, mas também trará uma satisfação interior muito grande.

Propósito: Hoje vou me informar detalhadamente a respeito das plantas e descobrir onde posso encontrar determinadas variedades a bom preço.

Uma amiga minha teve uma idéia magnífica: numa área de mais ou menos dois metros quadrados do jardim ela plantou tomilho, planta que exige muito poucos cuidados e quase nada de água. Mas o melhor de tudo é que o tomilho dá um aroma delicioso ao jardim. Já na entrada somos envolvidos por nuvens deste cheirinho gostoso e benéfico. Além disso, a qualquer hora ela tem um tempero fresquinho que pode ser usado em muitos pratos.

Um pouquinho de tomilho no jardim

Você ainda pode se alegrar com suas flores mesmo depois de elas terem murchado fazendo um *pot-pourri* bem simples. Corte os botões de um buquê ou do jardim quando estiverem completamente abertos, pouco antes de murchar. Lavanda, rosas, esporeiras ou verbenas são ideais para isso. Espalhe os botões em local quente onde não bata sol e deixe-os secar ali por uma ou duas semanas. Depois, distribua-os em camadas de um ou dois centímetros em um recipiente hermético. Sobre cada camada espalhe um pouco de sal e temperos, como canela, cravo ou noz-moscada, assim como raspas secas de limão e de laranja. Para finalizar, você pode colocar algumas gotas do seu óleo etérico preferido. Feche o recipiente e deixe em repouso por duas semanas em local fresco e escuro. Então dê uma mexida e feche-o novamente. Repita a operação semanalmente. Após seis semanas, o *pot-*

Pot-pourri de flores

Afirmação:
Sou grata pela variedade de flores, cores e aromas com as quais a natureza nos presenteia.

pourri está pronto. Você pode colocá-lo em um bonito vidro fechado e só abri-lo quando quiser preencher o ar do seu quarto com um aroma agradável. O *pot-pourri* durará mais tempo se você lembrar sempre de tornar a fechá-lo.

Um *pot-pourri* artesanal é um presente apropriado para qualquer ocasião e traz muita alegria.

➡ Trate a natureza com carinho

MOMENTOS DE FELICIDADE I

Trate a felicidade como a um passarinho:
tão suave e livremente quanto possível!
Se ele se julga livre, fica com prazer na sua mão.

Friedrich Hebbel, Poemas

Nos dias acinzentados, precisamos tomar cuidado para não deixar o mau tempo descolorir o nosso humor. Quando percebo que um problema quer tomar proporções excessivas e está a caminho de ocupar um lugar nos meus pensamentos a que não tem direito, recolho-me aos momentos felizes da minha vida: momentos especiais que trago comigo desde a infância, que me acompanham pela vida e que se tornaram meus amigos íntimos — e também aqueles momentos que ainda me surpreenderão com felicidade no futuro:

Emergir da água do mar e ser ofuscada pela luz dourada do sol...

Os segundos de pura felicidade, quando o cuco canta e o aroma de jasmim e rosas sopra pelo quarto...

Reconhecer a voz amada ao telefone...

A visão das nuvens que passam no céu azul, enquanto estou deitada sobre o feno recém-cortado...

Sentar-me no colo de minha avó, sentir os seus seios macios, comer pão com queijo Camembert e tomar um gole (proibido) de café com leite...

Deitar na grama em paz consigo mesma e com o mundo...

A intensa aceleração do avião antes de decolar...

O cheiro de chão recém-encerado na escola...

Teu olhar cheio de amor antes de me tomar nos braços...

Encontrar um medalhão maravilhoso no mercado de antigüidades, negociar um bom preço e voltar para casa orgulhosa com o troféu da pechincha...

Paris às seis e meia de uma manhã de setembro...

As primeiras castanhas quentes numa noite clara de novembro na cidade...

Os primeiros morangos na primavera...

Propósito: Hoje eu quero me lembrar de todas as pequenas e grandes coisas que fazem a vida valer a pena.

A fatia de presunto cortada pelo padeiro...

Galopar pelos campos, sem sela ou arreios, no lombo de um cavalo puro-sangue...

Recorde os seus momentos de felicidade num tempo de escuridão. Você observará que as sombras ao seu redor aos poucos irão se dissolvendo.

VONTADE DE FICAR DE BOM HUMOR

A felicidade aceita com prazer
um pouquinho de ajuda.

Provérbio norueguês

Nunca aconteceu de você acordar num domingo de manhã e constatar desolada que o inverno ainda não acabou, que o céu continua cinzento e carregado e que o único jeito seria virar para o outro lado e continuar dormindo? No entanto, o seu relógio biológico já está no tique-taque da primavera, em ritmo jovial e alegre. Pois, então, dê um empurrãozinho nessa vontade de ficar de bom humor!

Alguns exercícios ao se levantar estimulam não só a circulação, como também a liberação pelo corpo de substâncias capazes de gerar felicidade.

Um treinamento leve para relaxar, como por exemplo yoga ou tai-chi, leva o corpo a liberar a serotonina, também chamada *"o hormônio da harmonia"*. Uma agradável sensação de bem-estar começa a se espalhar. Já movimentos rápidos executados por um período longo, como pelo menos meia hora de *cooper* ou dança extática, colocam em ação as endorfinas, neuropeptídeos que criam impulsos de euforia e podem até reduzir a dor por um curto espaço de tempo. Também os movimentos de pião que se transformam em dança extática, há séculos utilizados pelos sábios muçulmanos Dervixes,

É assim que o corpo libera hormônios de felicidade

podem gerar uma onda de felicidade. Estique os braços para os lados e gire o corpo cada vez mais rápido, assim como fazia quando era criança. Deixe o mundo flutuar ao seu redor até ter a sensação de estar decolando. Sinta você mesma a verdade do provérbio: "Quem conhece o poder da dança está mais perto de Deus."

Aromas que levantam o ânimo

Em seguida, tome um banho e passe um óleo que você mesma pode fazer para levantar o seu ânimo: compre na farmácia 50ml de óleo etérico de erva-de-são-joão e adicione 10ml de cada um dos seguintes óleos etéricos: de jasmim, laranja e moscatel, ou de sálvia, rosa e sândalo.

Alimentos que animam

Você pode se animar com alguns alimentos, como por exemplo com um café da manhã composto por granola à base de aveia, banana e nozes raladas. Não é por acaso que segundo uma expressão popular alemã, pessoas animadas foram "picadas pela aveia". Esse cereal é um verdadeiro despertador, cujas substâncias transmissoras têm efeito comprovadamente "psicotrópico", ou seja, dão a sensação de felicidade, concentração e energia, e também estimulam e fortalecem o espírito.

Banana e chocolate a deixam alegre

As bananas contêm o aminoácido triptofano, que estimula a produção de serotonina no corpo, e por isso são conhecidas por "levantar o moral". Uma barra de chocolate faz o mesmo efeito. Quando você estiver sombria ou triste, ceda sem sentimento de culpa ao desejo de comer algum doce que contenha chocolate: devido às substâncias transmissoras do chocolate, em pouco tempo você se sentirá realmente melhor!

Um tratamento com chá de erva-de-são-joão pode tirar você de um longo período de desânimo. Quando consumido por duas ou três semanas, ele combate a depressão e ainda estimula sexualmente.

O bom humor propiciado pelas cores

O mundo das cores também consola nos momentos de escuridão. Tons de amarelo e laranja são há muito tempo conhecidos como levantadores do moral: um buquê de narcisos ou girassóis, um banheiro pintado de amarelo, roupa de cama laranja, uma pintura alegre na cozinha e até suco de laranja e damasco de manhã aquecem e fazem bem ao nosso estado psicológico.

E a primavera ainda nem chegou!

➡ Como ativar as próprias drogas / *Carpe diem* / Meu sorriso interior

Afirmação:
Há muita felicidade em mim. Abro os portões para meus sentimentos felizes e deixo-os fluir.

A ALEGRIA DAS CORES

As lembranças dos momentos felizes na nossa vida estão ligadas de forma inseparável às impressões dos sentidos, como cores, sons e aromas: um forte verde-grama, um leve azul-céu, o suave dourado do sol se pondo à tarde, o barulho do mar, o piar dos pássaros, o aroma de lavanda e tomilho.

As preferências por cores são a expressão do nosso estado psicológico

Nossas preferências sensitivas mudam com o passar do tempo. Raramente uma pessoa mantém a predileção por uma mesma cor a vida inteira. Essa mudança está relacionada ao nosso desenvolvimento interior. As cores exercem uma forte influência sobre a psique e, não raro, nossas preferências e aversões cromáticas são a expressão do nosso estado psicológico.

Essas relações têm suas raízes no início da história da humanidade. O verde, por exemplo, não é por acaso a cor da esperança. Ele representa a natureza de forma arquetípica e simboliza a vida: quando nossos antepassados avistavam o verde após um longo e tenebroso inverno, sabiam que haviam sobrevivido e deixado o frio e a morte para trás.

Mas o que as preferências por cores dizem sobre as pessoas de hoje?

Embora nem todos tenhamos o mesmo modo de reagir (felizmente), pode-se observar determinados efeitos generalizados das cores sobre a psique que há muito tempo são pesquisados e utilizados na cromoterapia.

O significado das cores prediletas

Com freqüência, desenvolvemos inconscientemente a preferência por uma cor a partir de uma determinada necessidade: quem se cerca de vermelho demonstra certa apatia e a necessidade de ser mais ativo. O contrário pode ser dito do azul: pessoas com pressão alta procuram instintivamente a tranqüilidade que se irradia da lenta oscilação dessa cor.

Quem procura dominar contrariedades e quer limpar-se interiormente, tenta cercar-se de tons de violeta.

Rosa e tons de azul-claro tranqüilizam e reduzem a predisposição à agressividade. O verde ajuda nos processos de cura física e mental, o amarelo alegra, o alaranjado fortalece a alegria de viver e a autoconfiança, o marrom nos dá a proteção da terra e, com o turquesa, damos suporte à nossa criatividade e à capacidade de comunicação.

Obviamente, esses direcionamentos são muito gerais, mas uma vez que observamos com mais atenção nossas preferências por cores, elas podem nos dar as primeiras indicações a respeito de nossos desejos ocultos.[3]

Fazendo experiências com as cores

Brincar com as cores pode trazer muita satisfação. Use o poder de cura das cores para se conhecer melhor e fazer um bem a si mesma. Tire um dia só para experimentá-lo. Sozinha, com uma amiga ou num pequeno grupo, teste o efeito de diferentes cores sobre si mesma. Você pode se fantasiar, maquiar, pôr a mesa com toalha, louça, guardanapos e velas de uma determinada cor, ou cobrir as vidraças com plástico colorido.

Bom seria se você tivesse um ateliê de pintura à sua disposição para experimentar as cores em grandes telas (naturalmente, um grande bloco de desenho também ajuda). Dei-

---

3. Uma visão geral bastante interessante sobre o significado das cores é dada no livro *Malbuch Mandala. Malen und Meditieren mit dem uralten Lebenssymbol*, de Kamala Murty. Berna, Munique, Viena, 1996, pp. 201ss.

xe-se levar pela intuição. Escolha as cores sem pensar. O que você sente ao observar a cor que escolheu e espalhou sobre o papel? Bem-estar? Ou é surpreendida pela inquietação e pelo mal-estar? Quer apagar logo a impressão que a cor despertou em você? Então pinte por cima com outra cor, procurando um equilíbrio.

Experimente à vontade, sem ambições artísticas. O importante são os seus sentimentos — e no jogo com as cores eles a presenteiam com um intenso autoconhecimento. Ao final de sua vivência com as cores, pense novamente nas diferentes sensações que cada uma lhe trouxe e, para encerrar, escolha aquela que lhe pareceu mais agradável. Pinte com ela um rosto sorridente e imagine que é o seu — preenchido com tudo de positivo que essa cor reavivou em você.

Meditação com cores

Uma meditação cromática lhe fará muito bem se uma determinada cor lhe parece tão agradável que você fica sensivelmente à vontade ao vê-la.

Sente-se confortavelmente num lugar tranqüilo e coloque à sua frente um objeto da cor escolhida ou um papel pintado com essa cor. Em seguida, feche os olhos e relaxe, expulsando todos os pensamentos e seguindo apenas o ritmo da respiração. Então abra os olhos e fixe a cor diante de você. Absorva-a, até encher com ela o corpo inteiro. Quando puder vê-la com os olhos interiores, feche os olhos novamente e visualize-a percorrendo o corpo inteiro, preenchendo cada parte dele: pés e pernas, mãos e braços, abdômen, peito e costas, a garganta e finalmente a cabeça. Todos os sentimentos negativos desapareceram. Somente a cor preenche você e lhe transmite toda a sua beleza e força.

Afirmação: Eu vou me encher com a cor que me parece maravilhosa.

No futuro, você lidará com as cores de forma mais consciente, e vai pensar exatamente que cor gostaria de ter à sua volta no trabalho, no quarto e na copa para poder se sentir o melhor possível nesses ambientes.

➡ Dia de desenhar

DIA DE DESENHAR

Uma forma única de tomar consciência do que acontece com a nossa alma, de liberar nossas forças curativas e de atingir a harmonia interior é desenhar uma mandala. A palavra, originária do Tibete, designa uma estrutura circular como sendo expressão e símbolo do cosmos. Há séculos, monges budistas e hinduístas mergulham nas profundezas do seu "eu" com a ajuda da mandala. O trabalho com a mandala também proporciona a nós, ocidentais, possibilidades de harmonizar nossa psique e de encontrar a nossa totalidade, como descobriu o famoso psicólogo analítico C.G. Jung.

Parece complicado, mas é muito simples. Como se desenha uma mandala? É muito fácil: consiga isolamento total por uma ou duas horas; pegue papel, compasso e — de acordo com a sua preferência — lápis de cor, giz de cera ou aquarela. Faça um círculo com o compasso sobre uma folha de papel. Veja este círculo vazio como um desenho de sua alma, deixe figuras emergirem e comece a pintá-las. Não é hora de ter pretensões artísticas. Ouça a si mesma e deixe essa "voz" pintar. Não pense! Você ficará espantada com os motivos que surgem do seu interior, com as cores e as formas.

Completando-se com a mandala

Imagens vindas do interior manifestam-se na mandala.

As mandalas que você desenha podem evocar profundas sensações em você, sentimentos variados de dor, luto, harmonia e felicidade — de acordo com o seu estado de espírito. Às vezes, há surpresas. Você acredita estar em harmonia consigo mesma e a mandala mostra que algo não está em ordem.

Afirmação:
Ao desenhar a mandala, eu estou bem próxima de mim mesma. Eu me liberto desenhando. Tudo o que estava obscuro vem à luz e se harmoniza.

Ao contrário, você sente uma dor, uma tensão ou um conflito não esclarecido, e a mandala a ajuda a assimilar esses problemas e a curá-los. Inconscientemente, você usa formas e cores com um profundo significado arquetípico. Se, depois de terminar a mandala você quiser saber mais sobre os símbolos que escolheu, informe-se a respeito.[4] Mas primeiro trate de terminar a sua mandala.

➡ A alegria das cores

---

4. Kamala Murty (obra citada na nota de rodapé 3): este livro fascinante de autoconhecimento contém não apenas uma exposição completa da simbologia das cores e das formas, como também cinqüenta desenhos de modelos de mandalas para diferentes situações na vida e estados de espírito.

MÚSICA PARA O BEM-ESTAR

A música é uma revelação mais elevada do que toda sabedoria e filosofia.

Ludwig van Beethoven

Assim como o mundo das cores e o ato de pintar sem nos lembrarmos de nós mesmas nos mostram um caminho para o nosso "eu", a música também pode abrir uma porta para os nossos sentimentos. Uma experiência musical consciente e intensa pode nos levar a todos os altos e baixos, inebriando-nos na pura felicidade ou fazendo-nos passar pelo sofrimento. Em todo caso, tem um efeito de limpeza, de purificação. Após uma experiência musical nós nos sentimos enriquecidas e renovadas, pois pudemos sentir a nós mesmas, como uma totalidade.

A música pode exercer várias funções. No dia-a-dia, ouvimos rádio e nos deixamos molhar por uma chuva de músicas sem nos concentrar muito nelas. No entanto, elas podem nos deixar num agradável estado de ânimo, desde que o tipo de música e o volume sejam do nosso agrado.

A música tranqüiliza, estimula, seduz, desperta a agressividade e até ameniza dores. Alguns dentistas usam seu efeito comprovado, colocando fones de ouvido nos pacientes para que ouçam Mozart durante o tratamento.

O efeito terapêutico da música

Você pode aproveitar o efeito terapêutico da música. Quando estiver inquieta ou confusa, relaxe com uma meditação musical, que não apenas a tranqüilizará como ajudará a encontrar clareza numa situação complicada:

Deite-se confortavelmente num local onde não será perturbada e que tenha um aparelho de som à sua disposição. Coloque para tocar a música que você já deve ter escolhido com antecedência e feche os olhos. Faça uma imagem mental da melodia que está ouvindo: ela se parece com um rio ou uma queda d'água? Você reconhece nela um animal, como por exemplo um rouxinol levantando vôo, ou ela é a união de várias vozes? A música apresenta diferentes matizes, as tonalidades variam?

Deixe-se envolver pela melodia. Ela está soando apenas para confortá-la e fazer-lhe bem. Carinhosamente, ela toca e encobre o seu corpo. Através dos ouvidos, do nariz e da boca ela finalmente penetra em você para curá-la e enchê-la de alegria. Sinta como ela a invade e deixa uma sensação de bem-estar em você. Desfrute dessa sensação mesmo depois de a música já ter acabado.

Que música combina com o meu estado de espírito?

Você mesma terá de descobrir que tipo de música a ajuda num determinado estado de espírito. Algumas melodias você preferirá ouvir de manhã, para impulsionar seu corpo e seu espírito. Outras você reservará para um momento de contemplação, de tranqüilidade ou de consolo. Conquiste sistematicamente o mundo da música: ouça programas de rádio com objetividade e anote as canções que mais lhe agradam. Você então poderá comprar esses discos ou retirá-los numa locadora. A maioria delas dispõe de uma variada gama de CDs e cassetes que vão desde a música clássica, passando pelo *jazz* e o *rock*, até os *pops* mais modernos. Nelas também é possível encontrar música para meditação. Se você ainda não sabe como reagirá a cada tipo de música, a única saída é agir de forma sensata.

Muitas lojas de música oferecem orientação competente e a possibilidade de ouvir a música antes de comprá-la. Aproveite. Só a incursão pelos diversos departamentos e lojas dedicados à música já é uma ocupação agradável, ainda mais se você levar uma amiga junto. Nessa viagem de descobrimento, você pode acumular muitas impressões, não apenas musicais.

De acordo com as pesquisas, pessoas que têm contato com a música são mais felizes. Quem toca um instrumento atravessa a puberdade com menos dificuldades, aprende mais rápido e é mais equilibrado. Faça da música uma companheira constante: durante uma longa viagem, não deixe a sua diversão acústica por conta de uma rádio qualquer. Na maioria das vezes isso resulta numa dissonância irritante que acaba com os nervos e ao final do caminho, além de sentir tudo rodando ao seu redor, você terá de lutar contra a cacofonia gerada pelo lixo musical que está na sua cabeça. É melhor planejar antes da viagem que música você quer ouvir e providenciar os cassetes ou CDs a tempo. Uma ópera que dura duas ou três horas seria adequada para uma viagem de igual duração, e você ainda poderia se concentrar na letra das árias. Se tiver pouca experiência com óperas, procure assistir antes ao vivo uma obra mais popular, por exemplo, de Verdi ou Mozart. A leitura do libreto com explicações sobre a ópera, que é distribuído antes do espetáculo, pode ajudar uma iniciação positiva nesse tipo de música. Próprias para uma viagem de carro são também as versões reduzidas de óperas — ou seja, alguns *highlights* — , que trazem os trechos mais conhecidos.

A música como companheira constante

Muitas atividades adquirem uma nova dimensão quando acompanhadas pela música. Alguns trabalhos domésticos, como passar roupa ou descascar legumes, permitem o livre fluxo dos pensamentos. Você já saiu para caminhar ouvindo *As Quatro Estações* de Vivaldi? Já trabalhou no jardim ao som das Cantatas de Bach? Ou passeou de bicicleta ouvindo Beethoven? Se não, já está mais do que na hora! Adormeça com a *Pequena Serenata Noturna* ou deixe-se despertar por músicas barrocas. A sua vida adquirirá novos contornos sonoros e emocionais.

Se você tem vontade de fazer música mas não toca nenhum instrumento, nunca é tarde para aprender, ou tome parte num coral. Cantar em coro é uma experiência maravilhosa que satisfaz diferentes necessidades: aprende-se a música, conhece-se os compositores mais profundamente e ampliam-se os horizontes musicais. Pode-se desfrutar do prazer de cantar e conhecer a profunda satisfação de participar em conjunto da apresentação de uma obra de arte. Além disso, sa-

Faça música você mesma

Afirmação:
Por intermédio
da música,
descubro uma
linguagem que
toca o meu
âmago.

cia-se a necessidade de manter uma atividade harmônica regular com outras pessoas, na qual todos tenham o mesmo objetivo. Informe-se a respeito dos corais da sua região, faça uma experiência assistindo sem compromisso a um ensaio para observar se o nível técnico exigido e o clima lhe agradam.

Eu conheço pessoas tão viciadas no canto em coral, que não se imaginam desistindo dessa atividade.

➡ O gosto pela novidade / Minha veia criativa

MINHA VEIA CRIATIVA

Todo artista já foi um amador.

Ralph Waldo Emerson

Não diga que você não é criativa. Todas as pessoas são criativas, e nós, mulheres, sem dúvida nenhuma! Provavelmente, você ainda não encontrou uma porta para a sua veia criativa — ou é muito exigente e acredita que somente escritores(as), pintores(as) e compositores(as) conhecidos(as) são dotados de criatividade. Se for assim, você deve se livrar o mais rápido possível dessa idéia, pois ela a impede de libertar as suas forças criativas e imaginativas.

Como reconhecer a sua criatividade? A resposta é inacreditavelmente simples: você é criativa quando, durante uma atividade, tem a sensação de estar concentrada em si própria fazendo algo belo e correto. Deixe-se guiar por seus impulsos. Ouça a sua voz interior quando tiver a necessidade de se recolher e escrever um diário ou de ir a uma exposição. Quase sempre ela pode ser interpretada como uma orientação criativa.

Infelizmente, temos inibições demais para exercer uma atividade artística. Um dos motivos para isso é o fato de, na escola, recebermos notas para nossas pinturas, poesias, canções e redações. Uma avaliação pelos critérios "bom" e "ruim", "bonito" e "feio" é fatal para o impulso criativo. Afinal sempre pode sair novamente um desenho "ruim" ou "feio". Pode se sentar, nota zero! Não, muito obrigada!

*Deixe de
lado o medo
da avaliação*

Primeiro, precisamos nos libertar dessa preocupação tão arraigada. Quando quiser pintar uma aquarela, faça-o com o único objetivo de se alegrar e ter uma experiência bela que lhe traga satisfação. Você quer exprimir o seu momentâneo estado de espírito e talvez até já tenha uma idéia das cores que pretende utilizar. Essa é uma experiência muito pessoal que não diz respeito a ninguém, a não ser que você pretenda mostrar sua aquarela a alguém depois de pronta. Expulse de sua mente todas as noções sobre valores estéticos, correntes artísticas ou classificações da história da arte. Você fará nascer do seu íntimo uma imagem em cores que só terá significado para você. Quando conseguir se aprofundar completamente em sua pintura, sem influências externas, então terá sem dúvida uma experiência criativa.

*Eu defino o
que é criativo*

Talvez você tenha dificuldade para descobrir de que forma demonstraria melhor sua criatividade. Nenhuma das atividades criativas comuns lhe interessa: nem pintar, nem desenhar, nem cantar e nem dançar. Você não gosta de cursos de cerâmica e a poesia não lhe desperta interesse.

Esqueça a idéia de que um ato criativo precisa apresentar um resultado concreto, como uma pintura, um vaso ou uma poesia. O padrão de medida de sua criatividade é aquilo que se movimenta dentro de você. Se você é uma pessoa que se orienta visualmente, ou seja, que retira as impressões mais fortes a partir do que registra com os olhos, então concentre-se nessa direção. Um passeio por um determinado bairro, cuja atmosfera você absorve com os sentidos aguçados, é com certeza criativo.

Vá a uma exposição, encontre uma pintura que lhe interesse e concentre-se nela. Observe-a durante quinze minutos e deixe-a surtir efeito sobre você. O que você descobre nela? A sua maneira de vê-la vai se modificando, quem sabe até mesmo o seu humor. Observe a si mesma, enquanto absorve a pintura em sua memória e ela exerce seu efeito sobre você.

Encontrar uma pintura que tenha um significado especial para alguém é questão de sorte. Cultive essa empatia, compre um pôster ou um cartão postal dessa obra para que possa vê-la também no seu dia-a-dia. Quem sabe você não compra um livro sobre o pintor e sua obra? Descubra o mo-

Mulheres que se orientam visualmente podem educar a visão levando sempre consigo uma máquina fotográfica.

tivo pelo qual essa tela tem tanto significado para você. Talvez tenha que ver com as cores ou as formas, talvez represente uma cena importante para você. Talvez haja um paralelo entre a vida do(a) artista e a sua. O simples ato de se distrair com uma única pintura por um longo tempo pode ser bastante criativo.

Às pessoas de orientação visual recomenda-se carregar sempre uma máquina fotográfica. Dessa forma poderão fotografar espontaneamente as cenas que lhes parecerem interessantes ou um motivo que lhes cause alguma impressão especial. Pode ser tanto algo fora do comum como algo banal. Tire as fotos e avalie depois se alguma fotografia captou ou não o seu estado de espírito. Com o tempo você perceberá quais motivos poderão ser portadores de suas mensagens interiores e quais não. Faça um mural com suas fotos, ordenando-as tematicamente. Talvez você descubra que seu olhar está ficando treinado e que você se tornou uma fotógrafa que diz mais com suas fotos instantâneas do que se pensa à primeira vista.

Afirmação:
Com paciência, procuro as fontes da minha fantasia e criatividade, deixando-as livres em cada nova atividade.

➡O gosto pela novidade

TRATE A NATUREZA COM CARINHO

Minha missão é colaborar de todas as formas possíveis para que a Terra seja curada. Sinto que vivemos numa época em que a Terra pede desesperadamente por cura.

Brooke Medicine Eagle (pajé dos índios Nez Percé e Sioux)

Quanta felicidade e bem-estar a natureza nos proporciona, e ainda assim somos descuidados com ela: apesar de os ameaçadores processos de destruição do meio ambiente serem conhecidos há anos, lidamos com essa informação de uma forma bizarra. Quase ninguém se sente responsável ou age como se o fosse. "Destruição ambiental" é uma expressão que se tornou corrente em nosso dia-a-dia e, no entanto, tratamos o assunto como algo teórico que não nos diz respeito. Que engano terrível!

Trate o nosso meio ambiente com bondade

Todos nós podemos colaborar para que, ao chegar à velhice, ainda possamos desfrutar da beleza de uma árvore saudável sobre uma grama verde, e deixar às nossas crianças um mundo de ar puro e água limpa. Nós mulheres, que temos uma ligação interior muito forte com a natureza, podemos proteger de muitas formas um meio ambiente em que valha a pena viver e que mereça ser amado. E, com nosso bom exemplo, tornamos natural uma relação mais ecológica de nossas crianças com o meio ambiente.

Para fazer a limpeza, podemos usar diversos produtos naturais do tempo de nossas avós. Sabão em pó e detergentes sintetizados quimicamente podem ser substituídos por sabão neutro, suco de limão ou vinagre, por exemplo. Uma outra idéia: coloque três colheres de sopa de suco de limão ou vinagre num quarto de litro de água quando quiser tirar uma camada de gordura dos azulejos da cozinha ou de sabonete dos azulejos do banheiro. Essa mistura também é adequada para a limpeza de vidros.

Produtos de limpeza naturais

Economize energia. Em vez de secar a roupa na secadora, pendure-a no varal ao sol e ao vento. Muitos dos eletrodomésticos que nos cercam criam campos eletromagnéticos que prejudicam a nossa saúde. Obviamente, é irrealizável querer privar-se de todos esses aparelhos em casa. Sem lavadoras de roupa ou de louça passaríamos boa parte do nosso tempo realizando tarefas cansativas que hoje — felizmente — delegamos às máquinas. Mas nem todos os aparelhos que hoje em dia se espalham pela casa inteira são realmente necessários, como por exemplo o forno de microondas, a escova de dentes elétrica, o rádio-relógio, a cafeteira, o cobertor elétrico...[5]

Que eletrodomésticos são realmente necessários?

Procure evitar também o amaciante de roupa, que é tão prejudicial ao meio ambiente. Muitas pessoas usam esse tipo de produto devido ao perfume que deixa na roupa. Mas o aroma de flores, grama, sol e vento é pelo menos tão gostoso quanto o deixado pela lavagem com amaciante. Uma alternativa agradável são algumas gotas de óleos etéricos na última etapa da lavagem, que deixam a roupa pelo menos tão cheirosa quanto o produto químico.

Os risco que o tráfego cada vez mais intenso de automóveis em nossas estradas representa para o meio ambiente não requer longas explicações ou exposições: ele já é bem conhecido. Ainda assim, não há leis que reduzam esse trânsito ameaçador. Ao contrário: há muitos setores da economia,

Renuncie pra valer às viagens com o próprio carro

---

5. Em seu livro *Elektrosmog — die unsichtbare Gefahr* (Munique, 1997) Knut Sievers mostra de forma impressionante a carga radioativa a que estamos expostos no nosso cotidiano e como podemos reduzi-la.

assim como o próprio Estado, lucrando muito com ele para que se possa contar com uma legislação nesse sentido. Cabe a nós, então, pelo menos em pequenas proporções, fazer uma mudança de curso. Que tal deixar o carro parado na garagem o máximo de tempo possível e passar a usar a bicicleta ou o transporte público? Também não custa organizar viagens em grupos para o trabalho. Basta dar o primeiro passo e conversar a respeito com colegas e vizinhos. Um anúncio no jornal local ou num mural pode unir vários interessados em partilhar seu automóvel. Informe-se na sua cidade se existe uma central que organize esses grupos. Esse sistema já está bastante difundido.

Propósito: Eu me informarei a respeito do meio ambiente de modo a poder protegê-lo diariamente.

Você consegue se imaginar privando-se completamente do seu carro? Uma amiga vendeu o carro e me segredou que, por causa disso, não precisou abdicar de nenhum conforto e passou, inclusive, a economizar dinheiro: "durante três meses eu deixei meu carro parado. Calculei quanto ele me custava por mês e deixei essa quantia de lado para arcar com os custos totais do transporte com ônibus e trem. Duas vezes não pude evitar de tomar um táxi, o que não é menos prejudicial para o meio ambiente, mas no final sobrou dinheiro. E isso, sem perder a mobilidade durante esses três meses."

Evite o lixo

O lixo doméstico pode ser reduzido quando compramos bebidas em garrafas retornáveis, usamos sacolas de tecido em lugar das de plástico para carregar as compras do supermercado, ou carregamos em cestas de vime as frutas e verduras compradas na feira, em vez de deixar o vendedor embalar tudo separadamente.

De qualquer maneira prefira as embalagens reutilizáveis às "descartáveis", feitas de material prejudicial ao meio ambiente. Não compre cerveja em lata e sim, em garrafas de casco retornável, assim como iogurte em vidro e não em copos de plástico. Use várias vezes a mesma embalagem, por exemplo as caixas de ovos. Transforme a redução de lixo num desafio para toda a família. Você ficará espantada com as descobertas, e com a satisfação que essa estratégia pode trazer.

O consumo de alimentos que vêm de campos hiperaduba-
dos não apenas incentiva o uso de adubos químicos, prejudiciais aos lençóis d'água e ao meio ambiente, como também
põe em perigo a nossa saúde. Tente comprar alimentos de
cultivo biologicamente controlado, no qual é evitado o uso
de adubos e inseticidas químicos em prol da adubação orgâ-
nica e do controle mecânico de plantas daninhas. Estes produtos são mais caros, mas ainda assim valem a pena se levar-
mos em conta os danos ao meio ambiente que, usando-os,
ajudamos a evitar.

➡ Plantas ao meu redor

*Alimentos de
cultivo orgânico*

Afirmação:
*Amo e respeito a
natureza, e faço
tudo para
preservá-la.*

APRENDA A LIDAR COM AS ERVAS*

Poder curativo, tu abres o teu caminho!
Tu ultrapassas montanhas e vales,
te estendes a todos os abismos,
tudo constróis e conectas.

Hildegard von Bingen

Como muitas mulheres, antigamente, também a sábia abadessa e médica Hildegard von Bingen possuía um profundo e abrangente conhecimento a respeito das substâncias medicinais que a natureza oferece. Essa sabedoria acabou sendo reprimida pela autoridade masculina, imposta também por meio da Igreja. A medicina moderna, que neste século se concentrou especialmente em medicamentos sintéticos, deixou que os conhecimentos a respeito dos efeitos terapêuticos das plantas caísse no esquecimento.

Mas não completamente! A medicina natural vem se tornando cada vez mais popular, e o interesse pelo tratamento com extratos de plantas tem crescido também junto aos médicos. Com ervas, podem ser tratados com eficácia uma série de problemas de saúde.

Como lidar com as ervas?

É fácil aprender a lidar com as ervas. Compre um livro sobre plantas medicinais e seus usos. Não compre logo vinte

---

*N.T.: Neste capítulo são citadas diversas ervas que, dependendo da região do Brasil, podem ser conhecidas por nomes diferentes dos aqui citados (tanchagem também é conhecida como tansagem, por exemplo). A tradutora se restringiu aos nomes encontrados em dicionários e livros de botânica. A autora citou também ervas de uso comum no hemisfério norte. É possível que algumas delas sejam raras no mercado brasileiro.

tipos diferentes de ervas, mas comece com um ou dois chás que lhe podem ser mais úteis, por exemplo, de alfazema ou erva-de-são-joão, que relaxam e nos fazem sentir bem. Aos poucos vá experimentando outros chás ou o efeito das ervas quando colocadas na água da banheira, até que para determinados fins você não precise mais abrir o livro e já saiba de cor quando e como uma erva pode ajudá-la.

Para o preparo de chás, é melhor usar ervas compradas na farmácia ou em lojas de produtos naturais. Só comece a colher você mesma as plantas quando souber reconhecê-las com bastante segurança. Despeje 1/4 de litro de água fervente sobre as folhas e deixe em infusão por cerca de dez minutos antes de coar e beber.

Três folhas frescas ou secas de morango silvestre
dor de barriga (estômago, intestino)

1/2 colher (chá) de erva-doce
1/2 colher (chá) de funcho
1 colher (chá) de segurelha
cólica intestinal

1/2 colher (chá) de segurelha
1/2 colher (chá) de amora
1/2 colher (chá) de camomila
1/2 colher (chá) de calêndula
diarréia

1/2 colher (chá) de erva-doce
1/2 colher (chá) de funcho (boa mistura para crianças)
ou
2 colheres (chá) de malva: preparar na noite anterior; de manhã, coar e aquecer. Beber o chá morno
tosse

Peça para o farmacêutico preparar a seguinte mistura:

20g de urtiga
30g do fruto da roseira brava
10g de melissa
20g de milefólio
15g de centáurea
fortalecimento do sistema imunológico

Despeje água fervente sobre uma colher (sopa) dessa mistura numa xícara e deixe descansar por dez minutos. Tome até quatro xícaras por dia.

Inflamação dos rins

Peça para o farmacêutico preparar a seguinte mistura:

15g de erva-de-são-joão
20g de alquemila
15g de aquifólio
10g de pimpinela
20g de urtiga branca
20g de anserina

Junte diariamente 30g dessa mistura a um litro de água fria e leve para ferver. Deixe descansar por 10 minutos, coe e tome durante o dia todo.

cólicas menstruais

1 colher (chá) de alquemila
1/2 colher (chá) de calêndula
1/2 colher (chá) de urtiga

Também é recomendável tomar óleo de erva minuana ou óleo de cominho preto em cápsulas.

insônia

1/2 colher (chá) de melissa
1/2 colher (chá) de erva-de-são-joão

ou
1 colher (chá) de alfazema

ou
1 colher (chá) de lúpulo

resfriados

1 colher (chá) de camomila
1 colher (chá) de tansagem menor (deixe descansar por 10 minutos)

ou
1 colher (chá) de flor de tília (cobrir com água fervente, coar e beber imediatamente)

ou

1 colher (chá) de tomilho (cobrir com água fervente e deixar descansar por alguns minutos — 2 ou 3)

Contra resfriados e catarro nas vias respiratórias recomendam-se inalações:

Numa tigela, cobrir com água fervente 3 colheres (sopa) de flor de camomila e 1 colher (sopa) de flor de tília. Caso tenha em casa, adicione um pouco de óleo de chá. Então incline-se sobre a tigela e mantenha a cabeça o mais próxima possível dos vapores que sobem. Para não deixá-los escapar muito depressa, cubra a cabeça e a tigela com um pano e inspire profundamente pelo nariz e pela boca. Tente inalar por dez minutos. Este suadouro também é bom como limpeza de pele.

Aipo pode ser consumido de todas as formas: como alimento, chá ou óleo (cinco gotas por dia misturadas com água) *Aumento da libido*

Ou
Manjerona: como tempero, ou tome duas vezes por dia de 5 a 8 gotas de óleo de manjerona com água.
ou
Peça ao farmacêutico para preparar a seguinte composição:
10g de tormentilha
15g de violeta
20g de licopódio
10g de aipo
20g de coentro

Misture 1 colher (chá) da composição com 1/2 de água fria e leve para ferver. Deixe três minutos em ebulição e, em seguida, deixe descansar por dez minutos. Tome uma xícara por dia.

1 colher (chá) de valeriana *stress*

ou
1 colher (chá) de erva-de-são-joão

1/2 colher (chá) de urtiga *prisão de ventre*
1/2 colher (chá) de malmequer
1 colher (chá) de raiz de ruibarbo

dor de dente — Coloque um cravo-da-índia na cavidade do dente. Uma gota de óleo de cravo sobre a área dolorida também diminui a dor.

ou

passe cebola sobre a área afetada uma ou duas vezes por dia.

banhos à base de ervas — Os banhos à base de ervas exercem um efeito benéfico. É fácil prepará-los. Basta colocar um pouco de ervas num saco pequeno de pano ou preparar com elas uma infusão. Para isso, deve-se ferver em fogo baixo de 30g a 60g de ervas num litro d'água durante 15 minutos. Depois basta coar a infusão sobre a água do banho. Você pode colocar os restos de ervas que ficaram na peneira num saco pequeno de pano e também jogá-lo na água.

Os saquinhos com as ervas devem ser fechados: dobre duas vezes o lado aberto e prenda a borda com um ou dois alfinetes de segurança ou alinhave com poucos pontos.

Descubra a variedade de ervas que, além de terapêuticas, são saborosas.

relaxamento — Para um banho relaxante, escolha as suas ervas prediletas e misture-as: milefólio, camomila, tomilho, alfazema, alecrim e erva-de-são-joão.

Os efeitos do alecrim, da hortelã, da manjerona e da violeta podem ser revigorantes e energizantes no banho.

para revigorar

➡ Afrodisíacos naturais

Afirmação:
Eu me curo e me fortaleço com as forças da natureza.

SOU COMO SOU — E DAÍ?

De repente, eu me aborreci. Para os meus filhos, a comida nunca estava a gosto, para o meu marido eu estava muito gorda; minha sogra me considerava uma dona-de-casa desorganizada e eu me achava um lixo e gostaria de ser outra pessoa.

Tudo é uma questão de perspectiva

Então descobri que precisava de uma nova perspectiva, ou seja, ver o mundo de outro ângulo. E, se procurava uma perspectiva própria, precisaria primeiro definir minha personalidade e qual era a sua característica principal. De lá, partindo apenas do meu raciocínio, dos meus sentimentos e desejos, eu queria ver e analisar o mundo de um novo ponto de vista.

A busca de uma nova perspectiva não é fácil, pois equivale à busca da própria identidade. Mas por mais cansativa que tenha sido essa busca pelo ângulo correto, eu não esmoreci. Experimentei todos os pontos de vista possíveis e acima de todos eles, a autocrítica.

Quanto pensava nos meus pontos fracos, como minha eterna indecisão, via a mim mesma com os olhos das pessoas ao meu redor. Quais os efeitos do meu comportamento sobre o meu marido, sobre os meus filhos ou a minha sogra? Como reagiam a mim as pessoas que não me eram tão próximas? Como eu via as minhas atitudes?

No caso da minha indecisão, o resultado foi eu ficar bastante nervosa ao experimentá-la sob diversas perspectivas, e acabei por deixá-la de lado de forma consciente.

Em outras questões, no entanto, depois de muito experimentar, minha perspectiva não estava de acordo com a das outras pessoas: eu não aceitava que o modo como eu administrava a casa fosse desorganizado. Muito pelo contrário, observando com mais atenção, percebi que minha sogra era uma pessoa neurótica. Ela não podia aceitar a idéia de que poeira, migalhas ou sujeira da rua fossem trazidas para dentro de casa. A sua pressão subia quando recebíamos visita, não de alegria e sim por puro pânico de que as crianças pudessem fazer alguma bagunça.

Eu nunca me incomodei muito com essas questões. Nos azulejos do banheiro eram visíveis as gotas da água do banho que haviam secado. E daí? O mais importante era que havíamos ficado limpos depois da ducha!

Entre as lajotas do terraço, o mato havia crescido, tiriricas apareciam nos canteiros de flores. E daí? Lá em casa, as tulipas não precisam ficar empertigadas. A calça *jeans* do meu filho rasgou na altura do joelho. E daí? Suas roupas estão sempre limpas e o rasgão não o incomoda.

Eu não sou uma cozinheira de mão cheia? E daí? Comemos de forma saudável e não precisamos — para nossa sorte — do assado de domingo ou da torta de creme.

Com as críticas de minha sogra eu lidei rapidamente — o que me deu forças e me fez um bem enorme.

Quanto às críticas de meus filhos, para os quais eu nunca acertava na comida, também encontrei uma solução: cada membro da família tinha o direito de, uma vez por semana, ajudar a preparar o seu prato predileto. Como cada um tinha a sua vez, as reclamações logo acabaram.

Demorou um pouco mais para eu tomar um novo posicionamento em relação à crítica dissimulada do meu marido ao meu peso. Eu era um alvo bastante fácil naquela época, o que não é de admirar. Ser esbelta é para a maioria das mulheres uma característica imposta pela sociedade e é preciso muita força de vontade para se livrar dessa imagem tirânica ideal.

"Gorda" — e daí?

Parei diante do espelho e tentei ver o meu corpo de todas as perspectivas possíveis. Não era uma figura de modelo, é verdade, mas será que não havia um ou outro ponto atraente? Pode ser que, para uma modelo, as medidas dos quadris, da cintura e dos seios fossem inaceitáveis, mas não seriam os meus seios cheios muito bonitos e sensuais? E eu não fui sempre orgulhosa de minhas pernas e braços musculosos, que concentravam tanta força? Diante do espelho, procurei novamente primeiro as partes que eu não achava tão bonitas em mim para então chegar àquelas que eu considerava mais belas, e essas eu observei pelo menos pelo dobro do tempo. No todo eu me achava "bem-feita". Também foi ficando claro que eu não era de forma nenhuma "gorda". O meu peso não estava acima das conhecidas "medidas-limite". Eu só não enxergara isso devido à baixa auto-estima e à falta de uma perspectiva própria.

Por isso, recomendo a toda mulher que é criticada, ou que se vê de forma muito crítica, a dizer em voz alta: "E daí? E daí? E daí?!!"

Afirmação: Eu vejo o mundo com os meus olhos e percebo que em mim há muitas coisas bonitas.

Muitas críticas são justificáveis, mas antes de tudo precisamos estar convencidas disso. E, caso o motivo delas não nos seja óbvio, devemos primeiro procurar uma nova perspectiva sob a qual possamos viver melhor.

➡ Eu sou forte, saudável e feliz — o poder da auto-sugestão / Como diferenciar o essencial do dispensável / Confie na intuição

MULTIPLICIDADE DE FACETAS: JOGOS DE TRANSFORMAÇÃO

Jogar é experimentar com o acaso.

Novalis, Fragmentos

O estudo de si mesma pode se tornar um jogo cheio de surpresas e muito divertido se nos transformarmos na imaginação.

Imagine em que outras formas você poderia ter vindo ao mundo. Pergunte a si mesma: se eu fosse um animal, qual seria?

Na forma de que animal você consegue se imaginar? Que características você tem em comum com ele? Com qual comportamento desse animal você se identifica? Procure por esses traços: graciosidade, cautela, astúcia, vivacidade, preguiça, resistência, inconstância...

Quando encontrar um animal com o qual se identifique, assuma o papel dele: movimente-se do mesmo jeito, imite os sons que ele faz e sua forma específica de agir. O que você sente? Está à vontade nesse papel ou ele está ficando cada vez mais estranho para você? Talvez você descubra que tem mais semelhança com outro bicho. Possivelmente, você tem características diferentes das que até agora pensava ter.

Este jogo pode ser estendido a muitas outras áreas. Que planta você seria, que perfume, que pedra preciosa, que cor, que música, que dança, que peça de roupa ou móvel, que estação do ano, que obra de arte, que fruta ou verdura...

Como seria se eu fosse...

A brincadeira lhe diz muito a respeito de suas características e do que você imagina ser, além de descortinar diante dos seus olhos a riqueza de sua personalidade e a multiplicidade de suas facetas.

Um jogo divertido

Pode-se jogar com alguns parceiros para descobrir mais a respeito da própria imagem perante outras pessoas e compará-la com a que se tem de si mesmo. Uma variante: mande um participante para fora do aposento e escolha no grupo alguém que queira ser descoberto. Conversem sobre suas características. O jogador que estava fora deve entrar novamente e fazer perguntas aos presentes, como: "Que flor essa pessoa seria?" As perguntas vão se sucedendo. O interessante é como a pessoa é descoberta rapidamente.

Afirmação: Brincando, eu experimento mudanças, amplio minhas fronteiras e cresço.

Esse jogo divertido ensina muito sobre como os outros nos vêem. Mas você tem de ter consciência da psicodinâmica deste jogo e jogá-lo apenas com bons amigos. Já vi pessoas ficarem ofendidas por serem vistas como "um banco duro de madeira" ou como "uma vaca". É preciso ter sensibilidade e a certeza de não querer o mal para os outros.

➡ Quem sou eu?

QUAL É A FORMA DE MEDITAÇÃO IDEAL?

Não force o curso do rio, deixe-o seguir!

Lao Tsé

De vez em quando ouço reclamações como: "Eu bem que gostaria de meditar, mas não sei como", ou "Por mais que eu me esforce, simplesmente não consigo me concentrar e deixar meus pensamentos divagarem". Pensando nessa insegurança que atinge muitas pessoas, vou dar aqui uma idéia geral a respeito das diversas técnicas de meditação, entre as quais você poderá escolher a que lhe parecer mais conveniente.

Enquanto medita, o ser humano se encontra num estado de *stress* reduzido, razão pela qual essa técnica, inicialmente praticada apenas na Ásia, se propaga cada vez mais no nosso atribulado mundo ocidental. Pela evocação de um estado de meditação, atingimos um nível de consciência especial, no qual conseguimos com mais facilidade contato com nossas experiências e fontes mais profundas. O raciocínio não tem nenhuma importância durante a meditação. Ao contrário, pensamentos lógicos devem ser evitados. No caso ideal, atingimos um estado de "livre atenção flutuante",[6] o foco centralizado em nós mesmos, uma reflexão sem des-

---

6. Patricia Carrington: *Das grosse Buch der Meditation*. Berna, Munique, Viena, 1996 (5ª edição), p. 23.

tino. Não importa a designação dada a esse estado — o objetivo de quem medita é realizar uma nova e profunda experiência existencial.

O estado meditativo pode ser atingido por diferentes caminhos. Pode-se ficar repetindo em voz alta ou mentalmente um mantra, ou seja, um determinado som ritual ou palavra. Algumas pessoas caem em meditação fixando com tranqüilidade um determinado objeto ou uma chama. Já outros concentram-se em um som, por exemplo o do mar, ou em uma sensação corporal. Podemos nos abrir para os pensamentos que surgem ou reprimi-los. Determinados movimentos ou formas de dança também levam ao estado desejado.

Qualquer que seja o procedimento que você queira seguir, o importante é não estar sujeita a influências externas que possam distraí-la. Recolha-se a um lugar onde não será perturbada. Desligue a campainha do telefone e da porta. Medite na penumbra, com roupas leves e em posição confortável. Você pode se sentar com as costas apoiadas em um espaldar reto ou inclinando-se para a frente com os cotovelos apoiados nas coxas. Feche os olhos se não estiver fixando um objeto. O aposento deve oferecer pouca distração.

Para iniciar a meditação, pode-se preparar o espírito repetindo mentalmente algumas frases tranqüilizadoras como: "Vou relaxar completamente, os meus músculos estão relaxando, estou cada vez mais relaxada, desfruto da sensação de puro relaxamento..."

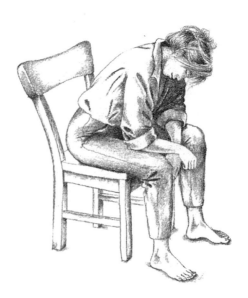

Esta posição é ideal para meditar

Qual é a Forma de Meditação Ideal?

Se possível, medite duas vezes por dia durante vinte a trinta minutos no mesmo local; por exemplo, de manhã e no final da tarde, de preferência antes das refeições, pois uma meditação com o estômago cheio não surte efeito. Também é desaconselhável a ingestão de bebidas estimulantes, como café, chá e coca-cola, pois o objetivo da meditação é acalmar.

Com que frequência se deve meditar?

Caso não arranje tempo para meditar duas vezes por dia, basta uma vez, contanto que o faça com regularidade. Meditações esporádicas podem ser agradáveis, mas não exercem nenhum efeito mais profundo.

O importante é que você dê a si mesma tempo e tranquilidade ao meditar. Um despertador tocando pode arrancá-la de forma desagradável tanto do sono profundo quanto da meditação, deixando-a transtornada. O melhor é deixar por perto um relógio para o qual possa olhar de vez em quando com os olhos semicerrados. Quando o tempo acabar, permaneça por mais um ou dois minutos sentada antes de respirar profundamente, espreguiçar-se e levantar-se devagar.

Dê tempo a si mesma

Quem deve meditar? A resposta é simples: todo aquele a quem a meditação tenha sido uma experiência agradável ou tenha feito bem voltará a procurá-la naturalmente. Algumas consequências da meditação praticada com regularidade são comprovadas cientificamente:

- Durante a meditação, a atividade metabólica é reduzida, o que explica o profundo relaxamento mental e físico.
- Quem medita regularmente sente menos medo.
- A meditação pode ajudar a combater vícios, reduzindo o abuso de drogas, nicotina e álcool.
- Estudos psicológicos constataram que a meditação a longo prazo leva à melhoria da produtividade mental e no trabalho, facilitando ao indivíduo decorar informações e solucionar exercícios matemáticos.
- Pessoas que meditam desenvolvem grande criatividade.
- A meditação fortalece a autoconfiança e a alegria de viver.
- Ela estimula a espontaneidade e a capacidade de estabelecer contatos íntimos.
- Até pacientes de doenças como asma, neurodermite, câncer e portadores de problemas de fala beneficiam-se da meditação regular.

Efeitos positivos da meditação

E ainda: a meditação ajuda e fortalece a realização pessoal. Toda mulher deveria fazer suas próprias experiências com a meditação.

Que técnica de meditação é indicada para mim?

A forma de meditação a ser escolhida depende de você. A seguir, apresento uma visão geral dos diferentes procedimentos que qualquer leigo pode seguir facilmente. Caso após a leitura deste capítulo você não consiga se decidir imediatamente por uma das técnicas, poderá experimentá-las, nos próximos dias, uma após outra, e só então escolher qual é a mais agradável para você.

Instrução: Meditação aeróbica

A meditação aeróbica deve ser feita à noite, e é recomendada para pessoas que têm problemas de insônia.

Inspire lenta e profundamente, pensando na expressão "para dentro". Solte então o ar e pense na expressão "para fora". Depois dessa primeira respiração conscientemente dirigida, respire livremente, sem forçar a entrada e a saída do ar. A cada inspiração pense "para dentro" e a cada expiração pense "para fora". Estenda as palavras à duração de cada entrada e saída do ar. As palavras a ajudarão a se concentrar e, quando você estiver mais tranqüila, elas desaparecerão por si só. Caso perceba que está voltando a divagar, retome mentalmente as expressões "para dentro" e "para fora" como acompanhamento dos respectivos movimentos.

Encerre a meditação após vinte minutos, ficando ainda alguns minutos de olhos fechados e despertando aos poucos.

Instrução: Meditação com um mantra

Escolha uma palavra agradável, mas emocionalmente neutra, ou seja, nenhum nome e nada que desperte vivas associações. Bastante adequados são os mantras em sânscrito "Ra-mah" (= deus Rama) ou "Ah-nam" (= sem nome), ou a palavra hebraica para "canto": "shi-rim". Trate o seu mantra com carinho e não o revele a ninguém.

Em seguida, sente-se confortavelmente e feche os olhos. Diga a palavra em voz alta. Experimente como ela soa quando você altera sua tonicidade, o tom de voz e o ritmo. Se desejar movimente a parte superior do corpo no mesmo ritmo. Você vai ficando silenciosa aos poucos, até se calar de vez. Agora repita o seu mantra mentalmente e observe como ele se torna autônomo. Deixe-se levar sem destino e não se direcione.

Depois de vinte minutos, encerre a meditação mantendo os olhos fechados por alguns minutos e despertando aos poucos.

Esta técnica de meditação dura apenas cinco minutos.

Escolha um objeto visualmente agradável — uma flor ou um simples pote de argila, por exemplo — e coloque-o a mais ou menos um metro de distância diante de um fundo vazio. A chama de uma vela é escolhida com freqüência, mas pode cansar os olhos. Sente-se confortavelmente e observe o objeto. Não é o caso de refletir a respeito dele e sim, de vê-lo como algo novo, sem significado. Para os olhos é melhor se você observar o objeto por alguns segundos (sem fixá-lo!) e então olhar através dele. Depois de alguns segundos, focalize o objeto novamente. Deixe o ritmo por conta dos seus olhos e perceberá quais os intervalos mais adequados.

Encerre a meditação depois de cinco minutos, fechando os olhos e despertando aos poucos.

Instrução:
Meditação visual

Sente-se confortavelmente e escolha um movimento simples, que possa ser executado sem esforço. Os seguintes movimentos mostraram ser adequados:

Instrução:
Meditação por
movimento

- Balance a cabeça para um lado e para outro, batendo no mesmo ritmo e ao mesmo tempo com as mãos ou os pés.
- Junte as palmas das mãos como se fosse rezar e, então, separe-as mantendo as pontas dos dedos em contato. Então una as palmas das mãos novamente.

Você pode escolher qualquer outro movimento, desde que seja fácil de executar. Não se deixe confundir caso ele inicialmente lhe pareça descoordenado. Com um pouco de paciência, você perceberá que em dado momento o corpo determinará o ritmo, assumindo sozinho o movimento.

Deixe-o sob a sábia direção do seu corpo.

Encerre a meditação depois de vinte minutos deixando os movimentos do corpo oscilarem. Permaneça ainda um minuto de olhos fechados, antes de se espreguiçar e se levantar lentamente.

Estimule a criatividade e o bem-estar com a meditação diária.

Afirmação:
Estou aberta para uma nova forma de autoconhecimento por meio da meditação.

Durante a meditação você não está sob nenhum tipo de pressão. Não existe o "certo" ou o "errado". Confie em si mesma e deixe que tudo aconteça. Entretanto, a meditação deve obrigatoriamente fazer-lhe bem. Se sentir algum mal-estar, notar que não consegue relaxar ou que algo lhe dói, interrompa o exercício e procure um professor de meditação. Caso se encontre em tratamento psicoterápico, converse com o terapeuta sobre meditação.

Mas essas precauções só valem para casos especiais. Via de regra, a meditação é uma experiência agradável, saudável e mais do que enriquecedora, que eu recomendo enfaticamente.

➡ Como ouvir a mim mesma: uma viagem pelo corpo / Descanse o corpo: relaxamento muscular / Análise introspectiva / Como fortalecer a autoconfiança: visualizações

UM PRESENTE SÓ PARA MIM

Proporcione a si mesma quantas alegrias puder.
Ou você acha que o mundo se sente motivado
a fazer isso por você?

Filosofia de vida

Você conhece esta história? Você foi ao centro da cidade com uma lista enorme de coisas a serem providenciadas para a família: uma camisa para o marido, uma blusa e papel de carta para a filha, livros e um álbum de selos para o filho; perfume para a vizinha, um presente de aniversário para a avó, além de diversos produtos para a casa. Você volta carregada feito uma mula; todos se alegram, mas para você só resta o cansaço.

Você deveria mudar isso. Por que você não teria direito a comprar regularmente algo que lhe proporcione alegria? Isso não precisa — mas pode — significar um enorme gasto de dinheiro. Conheço muitas mulheres que têm dificuldade em gastar com elas mesmas. Nas roupas e presentes para outras pessoas elas dão atenção à qualidade, mas economizam quando se trata de artigos para si mesmas.

Mime-se!

Caso você também ache difícil gastar consigo mesma, proceda de forma sistemática. Você tem uma personalidade forte e valiosa; é uma pessoa insubstituível para a família. Você merece ser mimada e bem tratada. Divida o dinheiro que

Você merece ser mimada

Dê um presente
especial só
para você

Afirmação:
Quero agradar a
mim mesma e
me alegrarei
muito com o
precioso e
merecido
presente.

pretende gastar de forma que a cada um corresponda uma determinada soma. Quando tiver esclarecido quanto pode gastar consigo, pense no que poderia lhe trazer alegria. Bens para a casa, dos quais toda a família desfrutaria, estão naturalmente excluídos. Você quer se mimar. Pense então em um luxo: um tratamento cosmético, uma loção de excelente qualidade para o corpo, um espelho antigo para o seu quarto, um livro, uma jóia, um par de sapatos absurdamente caros (então você só entrará na lista de presentes daqui a duas viagens para a cidade), um ingresso para um *show*, uma bolsa, um batom, um buquê de flores ou uma simples taça de champanhe naquele barzinho *art-nouveau*.

O que quer que você deseje, não coloque em último lugar na lista para não correr o risco de não ter tempo de realizar o seu desejo.

➡ Como lidar com o sentimento de culpa / Em equilíbrio entre o egoísmo e o altruísmo

BEM-ESTAR POR INTERMÉDIO DOS MOVIMENTOS

Os exercícios praticados com regularidade cumprem diversas funções importantes. Eles nos mantêm em forma e saudáveis até a velhice, reduzem o *stress*, liberam hormônios de bem-estar e evitam depósitos de gordura. Por meio do esporte, pode-se também evitar o "mal da era moderna", a osteoporose, que afeta principalmente as mulheres, e sua temida conseqüência, a fratura da cabeça do fêmur.

Que tipo de esporte você deve escolher para se sentir bem? A resposta é: escolha o esporte que mais a diverte, pois só será perseverante nos exercícios quem o fizer com prazer e gostar do próprio corpo. Os especialistas recomendam a prática de esporte três vezes por semana durante vinte a trinta minutos. Inicialmente, parece muito tempo; mas, pensando bem, existem mais possibilidades de se colocar em movimento no dia-a-dia sem muito trabalho.

O prazer de se movimentar

Saudáveis e pouco cansativos são os chamados movimentos aeróbicos, que podem ser executados com perseverança e que a longo prazo estimulam o metabolismo de lipídeos no

Modalidades de esporte saudáveis e leves

corpo. São considerados exercícios aeróbicos, ou seja, que consomem oxigênio: caminhar, andar de bicicleta, nadar, remar, subir escadas, fazer marcha atlética, ginástica aeróbica, dança moderna, *jazz* e muitas outras modalidades esportivas como boliche, *softball*, tênis, golfe, tênis de mesa, *badminton* e *squash*.

Naturalmente, há diferentes níveis de dificuldade. Se até agora você nunca praticou esportes com regularidade, não deve jogar *squash* e, sim, caminhar ou andar de bicicleta. E assim já chegamos à questão da freqüência. Será que as nossas idas rápidas à padaria, às saídas com o cão e o passeio de bicicleta no final de semana já não seriam exercícios que proporcionam bem-estar? A resposta é sim.

Como integrar a movimentação saudável à rotina

Preste atenção aos movimentos que você faz durante um dia. Procure possibilidades de usar o corpo. Em lugar de pegar o elevador, acostume-se a subir pelas escadas: este é um exercício sensacional para manter saudáveis o coração e a circulação. Substitua com a maior freqüência possível o automóvel pela bicicleta. Você vai se admirar de, pelo menos nas áreas próximas, não precisar de nem um minuto a mais com a bicicleta do que com o carro. Seus músculos das pernas, nádegas, barriga e costas serão ativados e células adiposas desnecessárias se transformarão em músculos. Se você utiliza um meio de transporte público para ir ao trabalho, acostume-se a fazer um trecho do caminho a pé. Desça duas paradas antes. Esse novo hábito valerá a pena principalmente se você caminhar num parque ou bosque, onde pela manhã poderá reabastecer suas energias antes de começar a trabalhar. À noite, esse passeio ajuda a relaxar e a reduzir o *stress* após um dia relativamente pobre em movimentos. Chegando em casa você já deixou as frustrações do dia para trás e pode se concentrar nas agradáveis atividades que a aguardam.

O valor da regularidade

Com a regularidade, determinadas ações ficam mais fáceis. Ninguém diria que tem falta de tempo para escovar os dentes. Também não ficamos lutando todos os dias de manhã contra a ducha com elucubrações do tipo "Tomo banho ou não tomo?" Una a ginástica matinal a uma atividade corporal interior regular. Por exemplo, quem tem pressão bai-

Pouco cansativas, mas saudáveis, são as modalidades esportivas leves, como andar de bicicleta e nadar.

xa pode fazer ginástica para ativar a circulação por dois minutos antes de se levantar, e alongamento antes de entrar no chuveiro.

Propósito:
Hoje caminharei a passos rápidos durante vinte minutos. Enquanto isso, minha cabeça poderá descansar.

Os seguintes exercícios devem ser feitos em séries de cinco ainda na cama:

Assim eu ativo minha circulação pela manhã

- Estique as pontas de um dos pés o máximo possível e puxe-as de volta em direção aos joelhos, alternando o movimento e os pés.
- Estique os braços para os lados e feche os punhos, soltando-os em seguida.
- Dobre os joelhos e pressione a parte inferior da coluna contra o colchão de forma que toda a musculatura da barriga e dos quadris fique retesada. Conte até cinco e solte novamente.
- Levante a cabeça e segure com a mão direita o joelho esquerdo. Alterne o movimento.
- Finalmente, "ande de bicicleta" com as pernas no ar.

Você já deu a partida na sua circulação e, depois de se levantar, pode fazer alguns exercícios de alongamento. Fique de preferência em frente a uma janela e faça cada um dos seguintes movimentos cinco vezes:

Alongue lentamente a coluna e a nuca com movimentos sinuosos. Coloque as mãos juntas atrás da cabeça e empurre-a em direção ao peito; então, espreguice-se novamente.

- Leve o queixo até o esterno.
- Vire lentamente a cabeça para os lados, partindo da posição ereta olhando para a frente.
- Incline a cabeça aproximando a orelha do ombro.
- Dê um passo à frente com a perna esquerda mantendo a perna direita atrás. Apóie-se sobre a perna esquerda esticando a direita. Mantenha ereta a parte superior do corpo e encolha a barriga levemente. Troque de perna e repita o exercício.

Comece o dia com um pouco de ginástica

Afirmação: Sinto a vitalidade do meu corpo quando me movimento. Minha musculatura ganha mais força, meu andar fica mais suave e minha irradiação positiva se fortalece.

Estes exercícios são indicados principalmente para pessoas que permanecem muito tempo sentadas. Eles podem ser executados várias vezes ao dia para aliviar músculos e ossos de sua postura habitual.

➡ Abaixo as gordurinhas

ABAIXO AS GORDURINHAS

A chave para um corpo bonito não deve ser procurada
nem na abdicação a determinados alimentos
nem nas torturantes dietas de fome.

A. e W. Marx

Há algum tempo você já não se sente bem com o seu peso. Gostaria de emagrecer mas não confia em dietas — o que é compreensível. A cada quatro meses, parece entrar em moda uma nova dieta, mas quase todas caem no esquecimento tão rapidamente quanto apareceram. Além disso, muitas dietas têm a desvantagem de que os quilos perdidos reapareçam assim que deixamos de seguir com seriedade o rígido plano alimentar.

Se você, por um lado, come com prazer, mas por outro quer emagrecer, deveria levar em consideração as seguintes dicas, pois ajudam a comer menos sem contar desesperadamente as calorias. Não se estresse, não fique sob pressão. Não é uma catástrofe se você comer um pouco a mais, vez ou outra. O importante é seguir algumas regras, e o sucesso logo aparece.

- Só compre o que está na lista do supermercado.
- Só vá às compras depois de ter comido.
- Compre alimentos integrais: produtos integrais, verduras e saladas procedentes de cultivo biologicamente controlado, nada de trigo branco (a alta temperatura de moagem tira as vitaminas, os sais minerais e as enzimas essenciais),

Emagreça ingerindo uma alimentação saudável em vez de contar calorias e fazer dieta

nada de açúcar refinado, e sim, complexos de carboidratos procedentes de leguminosas, frutas frescas e verduras. Consuma gorduras não saturadas como peixes, nozes e óleos vegetais.
- Preocupe-se em consumir muitas fibras, pois estimulam a digestão e transportam substâncias nocivas para fora do organismo, exercendo importante efeito desintoxicante: verduras, especialmente os *kidney bones*, feijão branco, ervilhas e lentilha, saladas e produtos à base de cereais integrais concentram bastante fibras.
- Coma diversas vezes ao dia, em pequenas quantidades e em horários preestabelecidos.
- Coma apenas quando tem fome.
- Antes de comer beba um copo de água.
- Inicie a refeição com uma grande porção de salada e encerre-a com frutas.
- Use um prato pequeno.
- Mastigue bastante.
- Solte os talheres após cada mordida.
- Concentre-se na refeição. Só depois leia o jornal.
- Retire os restos de comida da mesa imediatamente após a refeição.
- Antes de cada gole de vinho tome um gole de água.
- À noite, tome um chá de ervas em vez de álcool.
- Escove muito bem os dentes após cada refeição.
- Caso tenha vontade de comer entre as refeições, procure se distrair: vá passear ou para a cama, leia, faça um exercí-

cio de relaxamento ou medite, imaginando estar satisfeita e contente, telefone para alguém ou visite uma amiga. Talvez você possa aproveitar essas situações para resolver coisas que não são agradáveis mas necessárias, como determinados trabalhos de casa e jardim.

O que você não deve esquecer de forma nenhuma: dê uma recompensa a si mesma quando tiver seguido algumas dessas regras sem ter caído em tentação!

Recompense a si mesma

À noite, faça uma recapitulação do seu dia e fique feliz com todas as situações em que conseguiu comer menos ou de forma mais saudável. Faça cumprimentos a si mesma. Diga várias vezes: "Hoje eu me alimentei de forma saudável. Meu corpo ficará vigoroso. Eu estou muito orgulhosa de mim mesma."

Presenteie-se na proporção da conquista realizada. Depois de um dia de sucesso, vá nadar ou fazer sauna. Depois de uma semana de sucesso, presenteie-se com um CD que queria há tempos ou com um ingresso para um *show*. Coroe um mês de sucesso com um relaxante final de semana em um spa ou um novo vestido no tamanho desejado.

Afirmação: Alimento o meu corpo de forma saudável. Ele se tornará forte e cheio de energia e eu desfrutarei de minha boa aparência.

Obviamente, seria bom se o marido ou a família colaborassem e não tentassem seduzi-la com alimentos fora do programa, entrando no sistema de recompensa. Você se sentirá duas vezes melhor quando seu marido assumir a cozinha, ou convidá-la para ir ao cinema como sinal de admiração pela sua força de vontade e coerência.

➡ Bem-estar por intermédio dos movimentos / Bálsamos para o corpo e para a alma / Jejum terapêutico para a limpeza interior

UMA FORTE IRRADIAÇÃO POSITIVA

Fico feliz com minhas ruguinhas e as vejo como medalhas de honra ao mérito. Trabalhei duro por elas.

Maggie Kahn

Como é que pode, algumas mulheres perfeitamente "produzidas" parecerem sem graça — apesar do corpo bonito, dos cabelos bem-tratados e da maquiagem cuidadosa —, enquanto outras irradiam aquele algo especial, mesmo quando têm os cabelos grisalhos amarrados em um rabo de cavalo, vestem calça *jeans* e pulôver e não dão a menor atenção a nenhum ideal de beleza?

A diferença está na autoconfiança e na harmonia interior destas últimas, cuja beleza se reflete também exteriormente.

Quando você conhece o seu próprio valor, não é mais tão importante que o seu penteado esteja cem por cento em ordem quando vai a um encontro. A consciência da sua força e singularidade se irradia para as outras pessoas. Quando você está interiormente equilibrada e contente, não precisa de um batom para se sentir bem. E não fica embaraçada por não estar vestida de acordo para uma determinada ocasião social. E nem sai da linha quando descobre que uma espinha está despontando no seu rosto.

Isso não quer dizer que uma aparência bem-tratada não seja importante; muito pelo contrário. É que para muitas mulheres a aparência tem uma importância exagerada, o que as leva rapidamente a se sentirem mal quando não correspondem às expectativas gerais.

O significado da aparência exterior

Nós, mulheres, costumamos nos maquiar quando não queremos que os outros notem que não estamos nos sentindo bem. Palidez, olheiras, exaustão — nada disso deve ser visível! Por quê? Eu conheço mulheres que têm vontade de se maquiar quando se sentem realmente bem e querem enfatizar e comunicar ao mundo esse bem-estar.

Por outro lado, pode ser um consolo esconder as próprias fraquezas atrás da maquiagem, de forma que elas não sejam visíveis para qualquer um. Nessa questão, toda mulher deve se decidir pela atitude que mais lhe convém.

Com a opinião que temos a nosso respeito, podemos influenciar mais fortemente o que os outros pensam de nós do que com roupas e cosméticos. Pense que o seu sorriso aberto ou a forma tranqüila de exteriorizar seus pensamentos dão uma impressão bem mais profunda de sua personalidade do que olhos bem pintados ou sapatos de salto alto.

O que pensamos de nós mesmas é decisivo para a impressão que causamos

Talvez você queira brincar e avaliar em que medida a sua irradiação pessoal pode influenciar e fortalecer a impressão que causa sobre os outros. Nesse caso, eu recomendo os seguintes procedimentos:

Propósito: Hoje eu me sinto a mulher mais bonita do mundo e vou mostrar essa beleza.

Faça um exercício de relaxamento muscular (páginas 30-31). Feche os olhos e visualize todas as partes do seu corpo, dos pés à cabeça. Imagine que todas as células do seu corpo são saudáveis e pulsam com vigor. Você está cheia de harmonia e de alegria de viver. Uma aura dourada está à sua volta.

Testando a própria irradiação.

Essa beleza interior e exterior permanecerá com você quando abrir os olhos. Dê um passeio e esteja aberta a todas as vibrações. Algo lhe chama a atenção? A sua presença desperta reações? Como você justifica essas reações? Em que estado de espírito você está durante esse passeio? O que você irradia? Como você caminha, olhando as pessoas nos olhos? Você é correspondida, se sorri?

Afirmação:
Eu sou tão bonita quanto me sinto bonita.

Ao final dessa experiência, reflita a respeito e repita o passeio um outro dia, de preferência quando estiver em um outro estado de espírito. Anote as suas impressões imediatamente após cada experiência, de forma a poder compará-las melhor umas com as outras.

➡ Como fortalecer a autoconfiança: visualizações / Saudável e bonita / Eu sou forte, saudável e feliz: o poder da auto-sugestão.

MOMENTOS DE FELICIDADE II

Não se deve esperar pela felicidade, pois ela não virá. É preciso trabalhar por ela.

Antiga sabedoria de vida

O apito longínquo do trem que à noite atravessa as montanhas...

Ser enterrada na areia pelos meus sobrinhos...

Contar o meu sonho a um ouvinte atento e perceber que ele o considera digno de nota...

Os aromas em junho...

Determinados trechos dos Concertos de Colônia, de Keith Jarret e da Paixão de São João, de Bach...

Fazer a sesta depois de uma longa refeição em dias de festa...

Ter um impertinente acesso de riso com uma amiga durante uma palestra...

Um longo e sensual beijo após um dia cansativo...

No inverno caminhar pelas ruas à noite e olhar para dentro do apartamento de outras pessoas tentando imaginar suas vidas...

A primeira noite sobre a roupa de cama recém-lavada com aroma de flores...

Passeando pelas montanhas, saber que o pico está próximo...

Momentos de felicidade: passear pelas montanhas, longe do *stress* e das obrigações...

DESABAFE

Agarrar-se a dissabores é como segurar um pedaço de carvão em brasa que, na verdade, gostaríamos de jogar em alguém — acabamos queimando a nós mesmos.

Buda

O que você faz quando está furiosa? Briga com seu parceiro, grita com as crianças? Ou não faz nada, engole a indignação e fica noites e noites acordada, talvez até com dores de estômago?

Nenhuma das duas reações é o que se pode chamar de satisfatória. O melhor é manifestar imediatamente a fúria causada por uma injustiça ou humilhação, mas infelizmente isso nem sempre é possível. Às vezes, reações espontâneas a uma ofensa podem ser bastante desvantajosas. Por outro lado, sentimentos reprimidos normalmente levam a doenças e um dissabor não vale isso. Só conseguimos pensar com clareza a respeito da situação que gerou a raiva quando esta já se dissipou. Mas o que fazer com a frustração que carregamos no estômago?

Descarregue a frustração

Busque atitudes substitutivas que livrem o seu corpo dessa fúria. Exercícios físicos ajudam a reduzir o *stress*. Para isso, o espancamento do travesseiro já virou quase um clássico — é um método bastante eficiente: imagine que o travesseiro é o objeto da sua fúria e solte os cachorros. Você pode falar com ele, dar vazão a toda a sua indignação e aos seus pensa-

Desabafe de vez em quando

mentos, gritar com ele e, com alguns golpes certeiros, dar expressão à sua opinião. Assim você descarrega sua raiva sem machucar ninguém.

Caso venha sendo molestada há muitos anos, talvez desde a infância, e muita pressão tenha se acumulado dentro de você, saia ao ar livre. Procure um lugar onde possa estar longe de perturbações, por exemplo, uma floresta num dia chuvoso. Respire fundo. Concentre-se na fúria em seu estômago. Imagine-a como uma bola escura, concreta e dura. Você quer livrar-se dela. Inspire profundamente. O ar inspirado toca a bola, consegue afrouxá-la e arranca-lhe um pedaço. Expire então com violência de forma que o pedaço arrancado da bola seja projetado para fora e desapareça no ar. Repita a operação até a bola ter sido completamente expulsa do seu corpo e ter-se dissolvido no ar. Ao expirar você pode gemer alto ou dizer "fora". Você está se livrando dos sentimentos ruins que estavam acumulados dentro de você. Aos poucos, você vai sentindo como o seu estômago fica mais leve, mesmo que todo esse processo seja fisicamente cansativo. A propósito, você não deve fazer isso em casa, porque as vibrações negativas eliminadas poderiam continuar à sua volta. No entanto, na floresta, com tempo chuvoso, elas são imediatamente levadas pela água. Você se sente aliviada e pode, com a autoconfiança revigorada, solucionar os seus problemas.

Liberte-se da fúria antiga

Com o que estou furiosa?

Às vezes temos uma fúria indefinida dentro de nós. Ela rumoreja e trabalha, e a gente não sabe bem quem ou o que é responsável por esse estado de espírito. Antes que essa fúria se dirija contra nós mesmas, é preciso soltar os cachorros. Bata os pés no chão dizendo "Estou furiosa!" até ficar cansada e perceber que a sua fúria ou se evapora aos poucos, ou aumenta ainda mais, e você de repente reconhece a causa dela.

A fúria contida é um demônio

Talvez você seja contra o desabafo físico da ira, aqui descrito. Você também pode *anotar* o que sente ou *falar* para si mesma. Escreva ou diga várias vezes: "Eu estou furiosa." Faça uma lista das coisas que provocaram ou provocam a sua ira. Escreva por exemplo: "Estou furiosa porque fulano me expôs negativamente diante de todo mundo" — "Estou furiosa porque meu filho foi tratado com injustiça pelo professor" — "Estou furiosa porque deixei que me empurrassem essa blusa cara". Somente depois que você tiver tomado consciência da sua fúria e manifestado seus sentimentos, estará em condições de pensar no que pode fazer para combater a sua causa.

A raiva faz parte da nossa vida assim como todos os outros sentimentos. E ainda assim fomos educados (alguns com mais sucesso, outros com menos) a não demonstrá-la. A longo prazo, a raiva reprimida é causa de depressões. Ela acaba se dirigindo contra você mesma.

Afirmação: Minha raiva pertence a mim. Ela é expressão das minhas noções de justiça e eu vou senti-la plenamente.

Ponha a sua fúria para fora, deixe que ela apareça. Você tem esse direito. Não tenha medo dela. Quanto mais você se abrir para os seus sentimentos, mais aprenderá a lidar com eles de forma soberana. Equilíbrio e autoconfiança serão as recompensas.

➡ Diga não

DIGA NÃO

Um *não* dito na hora certa poupa muitas contrariedades.

Ditado

Muitas mulheres têm dificuldade para dizer não. Estudos a respeito de diferentes métodos de educação mostraram que os pais são mais tolerantes com a oposição dos filhos do que das filhas. O resultado é que, devido ao seu histórico de formação, as mulheres aprenderam que a resposta que recebem quando manifestam contrariedade é pressão e perda de carinho. Dizer não é, na maioria das vezes, mais difícil para elas do que para os homens.

Mas o que significa não conseguir negar algo a alguém? Com o tempo, esse comportamento se transforma numa negação de nós mesmas, cujo preço é a perda do amor-próprio. Quando deixamos de mostrar aos outros nossos limites por meio de um não em alto e bom som, não podemos ficar surpresas de que eles sejam constantemente ultrapassados. Com um não, exigimos respeito à nossa dignidade e integridade.

Caso nos falte essa experiência, porém, reagimos de forma submissa às exigências dos outros e dizemos logo que sim, quando na verdade queremos dizer não. Que isso não faz bem a ninguém, muito menos a nós mesmas, é o que diz o nosso próprio corpo. Talvez você já conheça a situação em que alguém lhe pede um favor e você, contrariando uma certa restrição interior, diz sim. O seu corpo não reage com taquicardia, boca seca ou uma sensação de fraqueza no estômago? Você deveria dar mais atenção a esses sinais e confiar neles.

É possível aprender a dizer não

Podemos aprender a dizer não. Treine. Comece com situações nas quais é mais fácil recusar. Quando um vendedor ou alguém que está fazendo uma enquete tentar pará-la na rua, não se negue a responder dizendo que não tem tempo; diga claramente que não quer ou não tem vontade de responder.

Propósito: Hoje responderei não a três pedidos.

Procure situações nas quais possa tornar claro aos outros que é de outra opinião. Diga não a uma vendedora que tenta convencê-la de que um determinado vestido lhe cai bem. Explique o que gostaria e se despeça gentilmente sem comprar nada apesar de ela ter se esforçado. Afinal, essa é a profissão dela.

Talvez você tenha um conhecido que gosta de aparecer e dizer bobagens a quem você até hoje tenha sempre ouvido gentilmente. Tente contradizê-lo. Diga que você não considera a sua argumentação convincente. Mantenha a sua opinião contra a dele.

O dizer não se torna mais difícil quando você foge de costumes arraigados. Cortar as visitas que durante anos e anos fez aos seus sogros, com as quais você tantas vezes se irritou, pode ser uma atitude vista inicialmente como escandalosa. Mantenha-se firme. Tente esclarecer que, às vezes, você prefere fazer outras coisas. Quem sabe, talvez os sogros se sintam da mesma forma. E, mesmo que não, é importante que você consiga se impor.

Dizer não e ao mesmo tempo ser gentil não é uma contradição

Afirmação: Gentilmente eu digo não quando tenho vontade e tenho orgulho de ser fiel a mim mesma.

Quanto mais você expressar os seus sentimentos por meio de gestos e palavras, contrariando outras pessoas e se recusando a atender aos seus desejos, mais fiel você será a si mesma. Você não precisa ser agressiva; pelo contrário: seja gentil! Não tenha medo do que os outros possam pensar de você. Muito mais importante é estar bem consigo mesma. E não tenha medo de ser considerada uma megera. A experiência lhe mostrará que você será com mais freqüência respeitada do que desrespeitada ao dizer não.

➡ Quem sou eu? / Em equilíbrio entre o egoísmo e o altruísmo / Como ouvir a mim mesma / Como fortalecer a auto-confiança: visualizações

DAR E RECEBER

O amor cura as pessoas —
tanto aquelas que o recebem,
como as que o oferecem.

Minha avó

Cada vez mais tomo consciência da influência exercida pela postura de vida de minha avó sobre mim. Ela me transmitiu que em tudo nesta vida há um equilíbrio: claro e escuro, alegria e sofrimento, saúde e doença, dia e noite, verão e inverno. Nos meus anos de rebeldia, eu protestava contra essa forma de pensar e a menosprezava como se fosse absurda, pois aparentemente o mundo está tomado pela injustiça social. Quando o sofrimento dos que passavam fome e dos explorados no terceiro e no quarto mundos seria compensado por alegria e consolo? E não há milhares de privilegiados que vivem no lucro a vida inteira, contentes e saudáveis, sem ter de pagar caro por isso? Ou será que devemos ver a riqueza de um como um fator de equilíbrio para a pobreza do outro? Uma vida não bastaria para que eu conseguisse reconhecer esse equilíbrio.

Porém, quanto mais amadureço, mais intensamente sinto a influência de minha avó na minha maneira de pensar. Não apenas por meio das palavras, mas por meio de suas atitudes, ela passou-me a convicção de que teremos de prestar contas pelos nossos atos. E eu nem sequer poderia dizer que essa convicção em mim nasceu do pensamento cristão ou de algum outro. Para mim, dar e receber estão sempre juntos. Minha avó era uma pessoa de moral elevada. Ela nunca pensaria em ofender, privilegiar ou enganar alguém conscientemente.

Eu creio que, na nossa sociedade, a convivência seria muito melhor se nos deixássemos guiar pela idéia de que tudo o que damos retornará a nós mesmos. Imagine se todos agissem de acordo com o velho ditado: "Não faça aos outros o que não queres que lhe façam."

Aquilo que dou, recebo de volta

Mas também, em pequenas dimensões, essa premissa de vida me parece cada vez mais valiosa. Podemos descomplicar nossas atitudes de acordo com esta regra simples: Se dou amor, serei amada. A força e a confiança que transmito aos meus filhos voltarão para mim. O respeito que sinto em relação a outrem também retornará. Inclusive no lado financeiro cheguei à conclusão de que um gasto que inicialmente parece frívolo ou demasiadamente generoso pode ter sua compensação.

Esse princípio é mais perceptível no caso dos pais ao educarem seus filhos, pois o comportamento deles se reflete diretamente no das crianças. Às vezes percebemos essa relação em curtíssimo prazo. Quando estou nervosa, não demora mais que um ou dois dias até que minhas crianças também fiquem inquietas e comecem a fazer manha. Se eu, pelo contrário, estou equilibrada e paciente, tenho crianças satisfeitas e criativas.

Afirmação: Quando eu dou, recebo também.

Um outro argumento (bem egoísta) ainda fala de acordo com a premissa de vida de minha avó: é mais fácil viver com a consciência limpa.

➡ Em equilíbrio entre o egoísmo e o altruísmo

JEJUM TERAPÊUTICO PARA A LIMPEZA INTERNA

O jejum terapêutico é uma possibilidade maravilhosa de desintoxicar o corpo e abrir a alma para novas e profundas experiências relativas ao autoconhecimento. Não estou me referindo a uma dieta que vise à perda de peso com a completa abdicação aos alimentos. O jejum terapêutico também emagrece, mas não é esse o objetivo.

Quando jejuamos, o corpo tem sua produção de energia alterada. Em vez de retirá-la dos alimentos consumidos, ele passa a consumir das próprias reservas de gordura. O intestino, a pele e as mucosas passam a ser estimulados a liberar substâncias tóxicas. O corpo perde toxinas, sal e água; as articulações, a circulação e o coração ficam menos carregados e as taxas de gordura no sangue baixam. O processo de limpeza é evidente. Durante um jejum terapêutico, exalamos outro cheiro (não necessariamente melhor); por isso deve-se tomar banho e escovar os dentes com mais freqüência.

Desintoxicação corporal

Esse processo de limpeza não se restringe ao aspecto físico. O período de jejum também põe em movimento o lado psíquico. A pessoa que jejua entra em contato com os

Purificação psíquica

próprios sentimentos, com sensações ocultas, com o âmago de sua alma.

Assim como o lado físico, o psíquico também pode inicialmente trazer à tona venenos e sujeira: pesadelos e fantasias relacionados com a guerra, a destruição e o desespero podem aparecer.

Mas, depois de um curto período de jejum, encontramos muitas outras camadas, bem mais ricas, do nosso "eu". Ficamos particularmente abertas a experiências meditativas. Já ao nos concentrarmos olhando uma flor podemos ter visões mais profundas dos nossos processos internos.

O jejum terapêutico é uma experiência de autoconhecimento que eu recomendo. Se você é saudável, nada a impede de fazer cinco dias de jejum sem acompanhamento médico. Algumas pessoas jejuam com regularidade durante até três semanas.

Instrução: Como jejuar? Não se come nada durante a terapia. No entanto, é preciso ingerir bastante líquido: chá, sucos de frutas e verduras, caldo de legumes e muita água. Todas as secreções se tornam muito importantes, o intestino tem de ser esvaziado constantemente, os rins purificados, a pele e as mucosas precisam de cuidados especiais. Devemos nos desembaraçar de todas as obrigações cotidianas para nos concentrarmos no encontro com nós mesmas.

Ficamos nas mãos dos impulsos e desejos do corpo, o que significa que descansamos quando nos sentimos cansadas ou praticamos esporte quando temos necessidade de movimento. Durante este período deve-se fazer tudo o que se tem vontade.

Jejue em grupo A maneira mais fácil de jejuar é em grupo, de preferência num lugar onde você tenha absoluta tranqüilidade, onde possa se concentrar somente em si mesma. Alguns seminários cujo objetivo é o jejum coletivo são dados em conventos, que são lugares ideais para o autoconhecimento. Muito positivas também são as chamadas caminhadas de jejum, nas quais geralmente se jejua e se caminha em grupo durante uma semana.

Caso você jejue em casa, deve se desligar o máximo possível da rotina diária. Prepare com antecedência tudo de que precisa[7], principalmente sulfato de sódio ou um tubo de lavagem intestinal, pois o jejum é iniciado com um esvaziamento geral do intestino, que sinaliza ao corpo que ele deve mudar sua produção de energia. Devido a essa modificação, acaba também a sensação de fome durante o período de abdicação à comida.

Beba muito líquido e regularmente, e de vez em quando chupe um pedaço de limão. Preocupe-se com a própria tranqüilidade e não deixe que nada a incomode durante o jejum.

A propósito, este não é apenas um método saudável de perda de peso e limpeza interna. Ele também facilita bastante uma desejada mudança nos hábitos alimentares e em outros costumes. Depois de uma fase de jejum pode-se parar de fumar e de beber álcool (medida obrigatória durante o jejum!) por longo tempo com mais facilidade. A mudança para uma alimentação integral (mais saudável) e em menor quantidade também fica menos difícil. A pele e o tecido conjuntivo ficam mais firmes, problemas de metabolismo causados pela má alimentação somem e o processo biológico de envelhecimento torna-se mais lento.

➡ Qual é a forma de meditação ideal?

Propósito:
Eu me informarei sobre o jejum terapêutico, incluirei uma semana de jejum na minha agenda e me prepararei para ela.

---

7. Mais informações sobre o jejum são encontradas na literatura especializada, por exemplo, nas obras de Hellmut Lützner: *Fasten. Das Komplettprogramm für eine gute Figur, mehr Vitalität und Lebensfreude*. Munique, 1996, entre outras.

SOU FORTE, SAUDÁVEL E FELIZ — O PODER DA AUTO-SUGESTÃO

Ninguém é melhor mensageiro do que você mesmo.
Ditado francês

Por que algumas pessoas passam mal quando sentem cheiro de cebola ou de frango frito, enquanto outras quando vêem um cachorro e outras, ainda, quando se encontram num aposento pequeno? Muitas dessas sensações nos parecem inexplicáveis e, ainda assim, elas surgem com freqüência. Elas pertencem a nós, pois são parte da nossa história. Vivências do início da infância estão ancoradas no nosso subconsciente, de forma que conscientemente não conseguimos mais nos lembrar delas. O cheiro da cebola e do frango frito liberam do subconsciente a lembrança de uma situação desagradável. Talvez quando criança tivéssemos sempre de beijar um tio que cheirava a cebola. Ou tenhamos sido obrigados a esvaziar o prato de frango, apesar de nos causar mal-estar.

Razões biográficas para preferências e aversões

É comum não conseguirmos mais reconstruir os acontecimentos que têm ligação com as nossas aversões. Entretanto, não estamos indefesos nas mãos desse mecanismo de associação, pois o procedimento contrário, ou seja, a programação do subconsciente para os conteúdos positivos, também funciona. E esse processo nós podemos controlar.

A fé move montanhas. O poder do espírito, da imaginação, da convicção interior determinam a realidade: um faquir consegue andar sobre brasas sem se queimar. Nós começamos a suar frio só de pensar no fracasso. Não precisamos de causas concretas como brasas ou um aposento muito quente para reagir fisicamente. Para isso bastam a nossa fantasia, a nossa convicção interior.

Como programar o subconsciente de forma positiva

Vamos usar esse efeito para fortalecer o nosso pensamento e os nossos sentidos. Visualizações positivas e afirmações que repetimos durante um determinado tempo acabam penetrando em nosso subconsciente. Se eu imagino durante bastante tempo que sou atraente, eu me tornarei atraente. Com o tempo passo a irradiar algo especial que atrai outras pessoas. Quando aceito e amo a mim mesma sou aceita e amada por outras pessoas. Se eu tenho uma forte autoconfiança, outras pessoas terão confiança em mim.

Acostume-se a se visualizar diariamente como acha que precisa ser. A visão que tem de si mesma será modificada aos poucos e dessa forma também o seu comportamento e o do mundo ao seu redor.

Faça uma meditação diária numa atmosfera tranqüila, sem ser perturbada, de preferência à noite antes de dormir. Descanse por meio do relaxamento muscular (veja páginas 30-31), desacelere as correntes cerebrais imaginando que o seu corpo fica cansado dos pés à cabeça. Então comece com a visualização. Neste estado é fácil atingir o subconsciente, e dessa forma figuras e afirmações vivenciadas são gravadas mais rapidamente.

Instrução: Como modificar a visão de si mesma

Se o seu problema é a insegurança em relação a si mesma e você gostaria de fortalecer a autoconfiança, evoque por meio do seu olhar espiritual uma cena em que você age como gostaria. Por exemplo, você vê uma situação em que uma tarefa complicada tem de ser organizada. Seus colegas, amigos e familiares se esforçam, mas não conseguem atingir nenhum resultado. Você se concentra nessa atividade, e aos poucos, tornam-se claros caminhos e estratégias, de forma que, com tranqüilidade e precisão, você finalmente consegue resolver o problema que antes parecia insolúvel. Você recebe o reconhecimento de todos e está orgulhosa de si mesma.

Como fortalecer a autoconfiança

De Bem com a Vida

Incentive a si mesma ao final dessas visualizações com a afirmação: "Eu sou forte e posso dominar os problemas mais difíceis." Diga esta frase para si mesma trinta ou mais vezes. Sinta a sua força e segurança.

Formule estas afirmações de efeito de acordo com as suas necessidades. Elas podem ser assim:

Afirmações para diferentes necessidades

- Medo: "Eu não tenho medo, pois x ou y não representam perigo para mim."
- Insatisfação: "Sou grata pelas coisas que dão tranqüilidade e contentamento à minha vida."
- Falta de confiança em si mesma: "Conheço os meus pontos fortes e fracos e sei que posso confiar em mim mesma."
- Luto: "Estou muito triste. Com minhas lágrimas, lavo aos poucos a minha dor."
- Desequilíbrio: "Em meu interior eu encontro tranqüilidade. Nele reinam a paz e a harmonia."
- Mudanças que estão por vir: "Saúdo as mudanças na minha vida; elas me enriquecerão com novas e profundas experiências."
- Desânimo: "Eu sou eu e posso confiar em mim mesma em qualquer situação."
- Falta de criatividade: "Liberto a minha criatividade. Minha fantasia não tem fronteiras. Ela se concretiza em muitas atividades criativas."
- Quando você não sabe mais o que fazer: "Dentro de mim, encontro clareza a respeito dos meus desejos e objetivos."
- Falta de esperança: "A vida continua e sempre abre novos caminhos."
- Problemas conjugais: "Tento me aproximar de meu companheiro e me esforço para que haja mais compreensão e uma relação de troca feliz."
- Quando há necessidade de uma redefinição de si própria: "Estou preparada para deixar de lado os antigos papéis e confiar a mim mesma o direcionamento do meu verdadeiro eu."
- Desapontamento: "Meu desapontamento me enche de tristeza. Eu modifico minhas expectativas e me despeço do desapontamento."
- Inquietação e nervosismo: "Sinto a tranqüilidade e o relaxamento voltarem para dentro de mim."
- Você não consegue se impor: "Eu assumo a minha forma de pensar e a exponho de maneira clara e nítida."

- Passividade: "Ultrapasso minha comodidade e luto pelos meus desejos e pelos dos outros. Minha atitude leva a mudanças positivas e me enche de orgulho."

As afirmações devem ser formuladas de forma positiva; por exemplo, não "eu não sou fraca", e sim, "eu sou forte".

Esta técnica também pode ser usada para problemas físicos. Caso você sinta constantemente uma determinada dor, visualize como o seu sistema nervoso produz os seus próprios analgésicos como morfina, por exemplo. Encarregue a sua hipófise de liberar mais morfina e imagine como ela flui até os nervos responsáveis pela dor. Ela bloqueia essas células nervosas até você sentir a dor se esvaindo. Você não precisa de remédios analgésicos, o seu corpo se preocupou em libertá-la da dor. Você pode se orgulhar do que conseguiu. Acredite no poder do pensamento e você assumirá cada vez com mais freqüência o controle sobre a dor.

Como combater a dor com visualizações

Afirmação: A força dos meus pensamentos não tem fronteiras.

➡ Como fortalecer a autoconfiança: visualizações / Os otimistas vivem mais felizes

QUERENDO CARINHO

Psicólogos recomendam que demos o máximo possível de carinho aos nossos filhos para que eles se desenvolvam bem. Quanto mais contato físico tivermos com eles, afagando-os e tocando-os, mais saudáveis eles serão, tanto física como mentalmente. Até mesmo o desenvolvimento da inteligência de um indivíduo parece depender da freqüência e da intensidade dos contatos corporais.

Então, por que os afagos e carinhos também não fariam bem aos adultos, e por que deveríamos abdicar de algo tão gostoso?

Preencha regularmente a sua necessidade de contato de pele, pois carinhos feitos com freqüência podem manter você satisfeita e equilibrada.

Uma massagem semanal faz maravilhas para o bem-estar. Não interessa se você massageia o seu parceiro ou é massageada por ele, se se deixa massagear por um terapeuta da área (por exemplo reiki ou shiatsu), se freqüenta um curso com uma amiga ou massageia a si própria, os toques que sua pele recebe geram harmonia e enchem de prazer.

O contato com a pele libera o hormônio ocitocina que, de acordo com novas pesquisas, ajuda não apenas o trabalho de parto, como também desperta a sensualidade e libera sensações de felicidade semelhantes às das pessoas apaixonadas. Indivíduos com alta produção de ocitocina apresentam uma irradiação equilibrada e carinhosa.

Por que o contato traz alegria

Estabeleça quem está na vez de massagear. Caso seja a sua vez de receber a massagem, pode relaxar completamente e se deixar mimar numa atmosfera cheia de bem-estar. Se for a sua vez de fazer a massagem, comece na área do pescoço e dos ombros. Massageie suavemente, de baixo para cima, e na direção dos braços. Movimentos circulares e curtos estimulam a irrigação sangüínea e soltam a musculatura tensa. Desça então ao longo da coluna em direção às nádegas, fazendo movimentos circulares com o polegar e alisando com a mão inteira para relaxar. Evite a coluna vertebral, assim como todos os ossos. Não se atenha a nódulos e pare imediatamente quando doer. Movimentos suaves já são o suficiente para o contato com a pele. Massageie de acordo com as preferências de quem recebe a massagem. Alguns gostam de maior firmeza, outros de suavidade.

Como fazer uma massagem a dois?

Depois de cuidar das costas e das nádegas, é a vez das extremidades. Depois a pessoa massageada deverá se deitar de costas para que a barriga e o peito sejam massageados. Por último, massageie o rosto e o couro cabeludo.

Estimule ainda mais o efeito de bem-estar da massagem com aromas sensuais, adicionando óleos etéricos ao óleo de massagem. Para a massagem são adequados óleos vegetais extraídos a frio, como os de amêndoa, jojoba ou nozes. O melhor é aquecê-los um pouco. Os óleos etéricos de jasmim, rosa, bergamota, verbena, patchuli, sândalo, angélica, ylang ylang e canela espalham aromas que estimulam os sentidos.

Aromas sensuais reforçam o efeito de bem-estar da massagem

Luz de velas e música suave intensificam a agradável e relaxante atmosfera.

Você não precisa abdicar do contato físico proporcionado pela massagem caso não tenha um parceiro constante à sua disposição. Mesmo sem os componentes erótico/se-

A massagem faz bem tanto ao corpo quanto à alma.

xuais, a massagem pode liberar correntes de bem-estar. Você pode se matricular num curso de massagem com uma amiga ou se encontrar com regularidade com alguém para uma massagem. Pode uni-la a um jantar ou uma visita à sauna. Esses encontros lhe darão uma sensação de alegria de que tanto você quanto a outra pessoa estão tendo uma experiência importante.

Instrução: A automassagem

E caso não conheça ninguém com quem partilhar uma massagem, faça uma massagem em você mesma. Comece com os pés, que devem ser amaciados de forma particularmente carinhosa e generosa. Nos pés se encontram ligações para todos os importantes sistemas do corpo, que são estimuladas por meio dos respectivos pontos de pressão. Suba lentamente com movimentos circulares para as pernas. Alise repetidamente com as palmas das mãos, fazendo uma suave pressão de baixo para a cima na pele. Desta forma estará ao mesmo tempo estimulando os vasos linfáticos.

Comece então a massagear as mãos e os braços. A palma das mãos são muito sensíveis e reagem aos toques mais suaves. Vá alternando entre movimentos mais firmes e mais carinhosos.

A massagem abdominal é muito agradável e atua também estimulando a digestão. Deitada, friccione a barriga com a palma da mão no sentido horário.

Além de ser bastante sensual, a massagem no peito também ajuda a esticar o tecido. Alterne uma pressão mais forte com uma fricção mais suave ao redor dos seios, como se fizesse um oito.

A massagem facial encerra a automassagem. Por ser fácil de fazer, ela pode ser repetida entre uma tarefa e outra no dia-a-dia. Com ela você alisará os músculos tensos e retesados do rosto. Descrevendo pequenos círculos com os dedos, suba do queixo para as maçãs do rosto, passando então pelas têmporas até chegar à testa.

Massagens feitas com regularidade tornarão você uma pessoa satisfeita, aberta às próprias necessidades e com mais capacidade para viver uma relação a dois e suas ligações sociais.

➡ Bálsamos para o corpo e a alma / Afrodisíacos naturais

Afirmação:
Pelo contato com a pele, sinto a forte relação interior com o meu parceiro. Eu me abandono cheia de prazer aos afagos carinhosos.

BÁLSAMOS PARA O CORPO E A ALMA

Nada que não seja natural pode fazer bem.

Friedrich von Schiller

Desde que a humanidade tomou conhecimento dos produtos terapêuticos naturais, os óleos vegetais se tornaram foco de interesse especial. Não apenas os óleos etéricos, que já na Antigüidade tinham ampla utilidade terapêutica e cosmética, mas também os óleos extraídos a frio estão entrando novamente em voga. Seus efeitos medicinais e curativos têm sido alvo de estudos sistemáticos e científicos nos últimos anos, e em parte revelaram resultados extraordinários.

Devido à grande quantidade de gorduras poli e monoinsaturadas essenciais, os óleos vegetais como o de oliva ajudam a preservar a saúde e até a prolongar a vida.

Como fortalecer e rejuvenescer as células

Se usados externamente, os óleos vegetais ajudam nos processos de limpeza e de cura da pele, combatem inflamações e impurezas e aceleram a regeneração das células da epiderme e a cicatrização de feridas. Quando ingeridos, eles regulam e estabilizam o trabalho hormonal. Entre as substâncias que os compõem estão a lecitina, a clorofila, o colesterol, diversos sais minerais e vitaminas que se encarregam da digestão de gorduras, do fortalecimento do coração, da circulação, dos nervos e do frescor da alma. Além disso, fortalecem também o crescimento dos tecidos, o sistema imunológico, a pele e os ossos.

Os óleos vegetais têm efeitos diferentes e nem todos podem ser ingeridos.[8]

Ao comprar óleos vegetais, você precisa estar atenta à qualidade. Escolha aqueles em cujo rótulo conste que o produto foi extraído já da primeira prensagem do fruto ou da semente (designação: extravirgem). Óleos de alta qualidade vêm de plantas de cultivo biologicamente controlado. Preste atenção também à data da validade, pois após dezoito meses os óleos vegetais em geral ficam rançosos e fazem mal ao organismo. Bons óleos vegetais podem ser encontrados em casas de produtos integrais ou naturais, em lojas de cosméticos naturais e em farmácias. Abaixo estão alguns exemplos de óleos vegetais e sua utilidade:

Características de qualidade

Além de ser saudável e gostoso, o óleo de semente de damasco é um ingrediente natural para cremes faciais e pode ser usado para combater a pele seca.

Óleo de semente de damasco para pele seca

O óleo de arnica só é indicado para uso externo. Tem efeito especial contra coágulos sangüíneos, inflamações venosas, varizes, distensões e dores reumáticas e musculares.

Óleo de arnica para as varizes

O óleo de abacate deve ser passado sobre a pele atacada por impingem escamosa, neurodermite e fraqueza do tecido conjuntivo. Devido às valiosas substâncias que contém (vitaminas A, B, D, E, A_1, B_1 e B_2, ácido gama-linoleico, lecitina, albumina e minerais) é bastante nutritivo se usado em molhos para saladas.

Óleo de abacate para problemas de pele

Os óleos de calêndula e de erva-de-são-joão não servem para o uso culinário, mas têm enorme poder terapêutico: o de

Óleo de calêndula para tratar da pele

---

8. Mais informações a esse respeito podem ser encontradas no livro *Öle für Körper und Seele*, Munique, 1997.

calêndula é muito usado como ingrediente em pomadas para curar queimaduras, fechar cicatrizes, contra varizes e hemorróidas, e também contra assaduras do bebê.

Óleo de erva-de-são-joão contra insônia e depressão

Esse óleo relaxa a tensão muscular e funciona como analgésico contra dores causadas por ferimentos. Massagens com óleo de erva-de-são-joão ("óleo vermelho") combatem a insônia. A ingestão de trinta gotas três vezes ao dia durante alguns meses pode gerar uma melhora duradoura no estado de espírito.

Óleo de jojoba contra rugas

O óleo de jojoba também se restringe ao uso externo, mas é adequado para todos os tipos de pele. Ele amacia a pele, previne rugas e contém fator de proteção solar 4, base ideal para um bronzeador.

Óleo de amêndoa — ideal para o bebê

A rápida absorção pela pele torna o uso do óleo de amêndoa agradável e de boa tolerância; por isso é muito usado nos cuidados com o bebê. Ele suaviza a pele irritada e controla a secura. Também pode ser usado na culinária por seu sabor e devido às substâncias saudáveis que contém.

Óleo de prímula para a regeneração

Óleos etéricos enriquecem nossa vida com aromas agradáveis e terapêuticos.

Este óleo é caro mas vale a pena. Seu uso interno leva a excelentes efeitos terapêuticos devido ao alto percentual de ácido gama-linoleico. Ele estimula a produção do hormônio prostaglandina E_1, que diminui a pressão arterial e o risco de trombose, e também ameniza os danos ao fígado causados pelo álcool. O estado psíquico é estabilizado, a pele fica mais macia, devido à produção mais equilibrada das glândulas sebáceas; problemas no coração, alergias e inquietação diminuem e o metabolismo irregular se equilibra. Se usado externamente, o óleo de prímula estimula a irrigação sangüínea e regula todas as doenças de pele causadas por problemas de metabolismo.

Um tratamento com 25 gotas ingeridas diariamente farão de você uma pessoa equilibrada. Depressões menstruais e até mesmo as dores desaparecem. Junte algumas gotas ao óleo da salada. A família inteira vai se beneficiar com isso.

O azeite de oliva pode ser usado tanto interna como externamente. As estatísticas mostram que doenças do coração e da circulação são relativamente raras nos países mediterrâneos, onde o azeite de oliva é parte importante da alimentação. Usado externamente, cura e desinfeta feridas. Internamente, estimula a digestão, controla inflamações e desintoxica.

Azeite de oliva para o coração e a circulação

O óleo de cominho preto egípcio tem várias aplicações, sendo usado interna e externamente. É indicado para o fortalecimento geral do sistema imunológico e para a cura ou redução de problemas da pele, alergias, neurodermite e asma. Além disso, harmoniza o trabalho hormonal e combate cólicas menstruais e problemas de potência sexual. A melhor forma de consumir o óleo de cominho é tomando-o em cápsulas, onde está em combinação com outras vitaminas.

Óleo de cominho preto harmoniza o trabalho hormonal

O óleo de girassol extraído a frio é muito nutritivo e precioso. Internamente, tem um efeito fortalecedor e diurético. Se usado externamente, estimula a irrigação da pele e a regeneração dos tecidos, cura feridas, abscessos e eczemas, além de problemas nas articulações.

O óleo de girassol fortalece

Devido ao seu grande teor de vitamina E, o óleo de gérmen de trigo combate a pele envelhecida, seca e escamosa, principalmente quando usado externamente. É a base ideal para máscaras faciais e capilares, por exemplo.

Óleo de gérmen de trigo para a pele seca

Escolha entre os óleos descritos acima aquele que supre as suas necessidades e as de sua pele, e use-o diariamente, sem complicações.

Composição individual de cosméticos naturais

Como o óleo de jojoba contém o fator de proteção solar 4 ele é a base ideal para um bronzeador. Misture algumas gotas de óleos etéricos de camomila, lavanda e chá em 50ml de óleo de jojoba e espalhe sobre a pele.

Bronzeador e protetor solar

Óleo para massagem contra a dor muscular

Misture cinco gotas de cada um dos óleos etéricos de pimenta, milefólio e manjerona a 50ml de óleo de erva-de-são-joão. Massageie suavemente as áreas doloridas com a mistura levemente aquecida.

Óleo para massagem contra cólicas menstruais

Aqueça uma colher de sopa de óleo de cominho preto e com ele massageie suavemente a barriga.

As cólicas menstruais também podem ser aliviadas com uma gota dos óleos etéricos de basilicão, jasmim e alecrim adicionadas ao óleo de cominho preto. O efeito que esse óleo exerce sobre mim quando ingerido em cápsulas é espantoso. Surte efeito alguns minutos após a ingestão e elimina as minhas fortes cólicas por horas.

Óleo contra a depressão

Uma boa massagem combate o baixo astral. Espalhe suavemente sobre a pele uma mistura de óleo de erva-de-são-joão com óleos etéricos de bergamota, verbena, gerânio, jasmim, louro, mimosas, patchuli, rosas, madeira de rosas, sândalo ou baunilha.

Não misture mais de três óleos etéricos com o óleo vegetal básico. Escolha os óleos de acordo com suas preferências aromáticas. Em 30ml de óleo de erva-de-são-joão, três a cinco gotas de óleos etéricos são o suficiente, pois o princípio básico é: menos faz mais.

Óleo de alho como tempero

Propósito: Comprarei para mim um óleo de boa qualidade que me fará bem física e mentalmente.

Faça você mesma o seu óleo de alho: Descasque cinco dentes de alho e coloque-os numa garrafa com meio litro de azeite de oliva, feche-a bem e deixe em local fresco por uma semana. Do mesmo modo você pode preparar óleos para tempero com tomilho, estragão, manjerona, coentro ou aneto. Quando colocados numa bela garrafa, são também um presente original para uma amiga em qualquer ocasião.

➡ O que quer dizer envelhecer? / Saudável e bonita

AFRODISÍACOS NATURAIS

Se a guerra é um jogo de azar, então o amor é uma loteria;
ambos têm altos e baixos.
A ambos podem sucumbir heróis aparentes.
Pense bem: será o amor uma escolha pela brandura?
Ele exige coragem e iniciativa.
Acredite, todos os amantes são soldados do exército
particular dos cupidos.

Ovídio, Armores

Se você tem a impressão de que a paixão adormeceu na sua vida a dois e gostaria de dar-lhe um impulso, existe uma infinidade de meios de "propulsão" naturais à sua disposição que podem ser aplicados com facilidade, como por exemplo alguns alimentos deliciosos. As civilizações antigas já sabiam que com determinados temperos e comidas podemos nos "animar". Por exemplo: experimente perfumar o vinho com rosas, gengibre ou mel para aumentar a excitação sexual.

As ostras e o caviar são conhecidos meios para aumentar a potência. A grande quantidade de albumina e histidina contida nesses alimentos aumenta a sensação de prazer. Mas nem só de caviar vive o homem...

O seguinte jantar festivo a dois oferece todas as predisposições para uma continuação sensual da noite para muito além dos prazeres da mesa:

Um jantar a dois para estimular o prazer

Nem só de caviar vive o homem...

1. Entrada: mozarela de búfala com tomate e basilicão

Sirva como entrada queijo mozarela de búfala, com tomate e muito basilicão: corte o queijo e os tomates em fatias, alternando-as no prato de modo a abrir o apetite com a sua beleza. O toque especial fica por conta das folhinhas verdes de basilicão espalhadas sobre a combinação vermelho-branca. Já as cores da Itália irão trazer-lhe a sensação de férias.

A propósito, para os italianos o basilicão é um meio comprovado de aumentar a potência, e os tomates vermelhos estimulam a libido, como todas as frutas vermelhas.

2. Entrada: sopa de alho

Em seguida você pode servir uma sopa de alho. Ingredientes:
2 cabeças de alho
1 litro de caldo de legumes
1 maço de salsinha, manjerona e tomilho
Suco de 1 limão
Sal e pimenta
Croûtons

Modo de preparar: Coloque os dentes de alho com casca junto com o macinho de temperos numa panela de sopa. Adicione o caldo de legumes e deixe ferver na panela fechada. Baixe o fogo e deixe cozinhar durante trinta minutos até o alho amolecer. Então amasse-os e misture-os com o suco de limão ao caldo na panela. Tempere com sal e pimenta e sirva com *croûtons*.

O alho estimula a irrigação sangüínea e por isso é um eficiente modo de combater a impotência. Além disso está provado que ele fortalece os espermatozóides.

Prato principal: aspargos

O aspargo é uma verdura diurética e por isso, também, afrodisíaca: aumenta a atividade renal e, assim, estimula a irrigação na região genital. Sirva uma porção grande de aspargos (pelo menos 500 gramas por pessoa).

Você pode servi-los de forma simples, ou seja, cozinhe-os durante vinte a trinta minutos em água com sal, açúcar e um pouco de suco de limão. Como acompanhamento, sirva batatas cozidas e presunto. Espalhe manteiga derretida por cima da batata e dos aspargos.

Deliciosas variações com espinafre ou arroz também surtem bastante efeito.

Aspargos sobre um leito de espinafre

Ingredientes:
1 quilo de aspargos brancos frescos descascados
350g de folhas de espinafre
1 maço grande de temperos (salsinha, cerefólio, basilicão, pimpinela, cebolinha etc.)
2 ovos cozidos e picados
150ml de creme de leite
100ml de iogurte
1 colher (chá) de mostarda
1 colher (chá) de suco de maçã
suco de 1 limão
20g de manteiga
sal, pimenta, noz-moscada, açúcar

Modo de preparar: Misture o creme de leite e o iogurte e adicione a mostarda, os sucos de maçã e o limão, o sal e a pimenta. Mexa bem adicionando então os temperos picadinhos e o ovo. Deixe descansar por uma hora.

Cozinhe os aspargos em água com sal, açúcar e um pouco de manteiga durante mais ou menos uma hora. Leve as folhinhas de espinafre já lavadas e ainda molhadas ao fogo médio por alguns minutos até murcharem. Junte a manteiga, tempere com sal e noz-moscada e mexa um pouco.

Coloque o espinafre numa travessa, deite o aspargo sobre ele e espalhe um pouco de molho em cima. Sirva o restante do molho separadamente.

Risoto de aspargos

Ingredientes:
500g de aspargos verdes
1 litro de caldo de legumes
1 cebola pequena
2 dentes de alho
1 colher (sopa) de azeite de oliva
2 xícaras de arroz
200ml de vinho branco seco
100g de queijo parmesão
manteiga, sal e pimenta a gosto

Modo de preparar: Lave os aspargos, descasque a parte inferior e corte as extremidades. Retire as pontas e reserve. Corte os aspargos em pedaços, e cozinhe no caldo de legumes durante oito a dez minutos. Retire os aspargos do caldo. Descasque a cebola e o alho, pique e refogue no azeite de oliva. Adicione o arroz e o vinho, deixando-o evaporar. Vá acrescentando aos poucos o caldo que restou dos aspargos. Cozinhe o arroz em fogo baixo por mais ou menos 35 minutos.

Doure as pontas dos aspargos na manteiga por 4 minutos, mexendo sempre. Tempere o risoto com sal e pimenta e junte o queijo parmesão. Guarneça o arroz com as pontas de aspargos e polvilhe com o restante do queijo na hora de servir.

Sobremesa

Há uma grande variedade de sobremesas de efeito afrodisíaco. Todas as frutas vermelhas são estimulantes: morangos, cerejas, melancia, framboesas, groselhas e uvas escuras. Maçãs, pêras, bananas, laranjas e limão também têm efeito estimulante. Portanto você pode oferecer uma salada de frutas coloridas ou simplesmente morangos com creme ou mascarpone.

Baunilha, canela, cravo e coentro também são temperos eróticos. Assim, outra opção é servir um *strudel* de maçã com creme de baunilha e muita canela ou este sorvete de baunilha e canela feito em casa.

Sorvete de baunilha e canela

Ingredientes:
1/4 de litro de leite
1 fava de baunilha
2g de óleo etérico de canela
75g de açúcar
3 gemas de ovos
1/4 litro de nata ou creme de leite

Modo de preparar: Coloque o leite numa panela alta. Abra a fava da baunilha e retire a parte interna, misturando-a bem com o leite, o óleo de canela, o açúcar e as gemas de ovos. Bata este leite de baunilha ainda no fogo até estar quente e levemente cremoso. Retire a panela do fogo e deixe esfriar. Bata a nata até endurecer e coloque-a em tigelas individuais. Acrescente o creme e leve ao congelador por duas a três horas.

Um pouco de vinho estimula

Vinho como acompanhamento da refeição pode estimular o interesse sexual. Para o menu aqui sugerido, escolha um vinho leve e seco. Para menus mais complexos deve-se observar a seguinte seqüência: vinho branco com as entradas, tinto com as carnes, champanhe com a sobremesa. Mas cuidado: as bebidas alcoólicas só servem como estimulante se consumidas em pequenas quantidades. O excesso produz o efeito contrário e pode levar à diminuição da potência sexual.

Outros alimentos de efeito afrodisíaco

O aipo é uma opção deliciosa e barata de alimentação nutritiva que aumenta a força sexual tanto masculina como feminina. Uma salada crua diariamente, por exemplo, com maçãs, nozes e aipo ralados e misturados com limão e iogurte, pode fazer milagres.

A ingestão regular de uma xícara de chá de urtiga ou de erva-de-são-joão também leva a resultados positivos.

A geléia real produzida pela rainha das abelhas é um conhecido alimento nutritivo que não só põe de pé os convalescentes como desperta a paixão adormecida, pois fortalece a sensação de prazer. Contém ainda grande quantidade das vitaminas A, C, E, as do complexo B, ácido pantotênico e biopterina.

A ingestão de raiz de ginseng também estimula os hormônios sexuais.

Se você utilizar regularmente o óleo de gérmen de trigo (rico em vitamina E) no preparo dos alimentos, e comer muita salada, agrião e laticínios, estará naturalmente contribuindo para a vivacidade de sua sexualidade no relacionamento.

A escola da sedução

Não se dê por satisfeita com uma refeição bem-sucedida: aprenda as diversas artes da sedução.

Acessórios vermelhos criam uma atmosfera picante

Não ponha a mesa ao acaso; use acessórios como toalha de mesa e guardanapos em tons de vermelho. Recomendo uma toalha de mesa branca, cinza ou cor-de-rosa, com guardanapos, flores e velas de cor vermelha. Se tiver, use louça avermelhada também.

Propósito: Hoje vamos nos preparar, eu e o meu parceiro, para um festival de estímulos sensuais. Queremos celebrar a nossa união. Mostre os seus encantos

Essa cor sensual não deve faltar no seu quarto e tampouco prevalecer sobre as outras cores para não exercer o efeito indesejado de trazer à tona raiva e agressões. Roupa de cama estampada de vermelho, uma camisola vermelha, travesseiros ou almofadas vermelhas são o suficiente para estimular o interesse sexual.

Experimente vestir um espartilho erótico vermelho ou de outra cor. Não economize na sensualidade: solte os cabelos. Atraia a atenção para o seu pescoço e decote usando uma bela gargantilha; use um vestido justo e curto — acima de tudo, use o poder dos aromas.

O corpo como jardim de aromas

Você pode perfumar o seu corpo com aromas etéricos. Têm efeito afrodisíaco os aromas de gengibre, jasmim, cominho, limão, patchuli, mimosa, almíscar, neroli, pimenta, rosa, sândalo, aipo, tuberosa, ylang ylang e canela. Você pode transformar o seu corpo num jardim de odores diferentes e fascinantes. Para isso, passe em diferentes partes do corpo uma gota dos óleos etéricos citados. Escolha os aromas que considera particularmente agradáveis. Por exemplo, uma gota de rosa no lóbulo da orelha, mimosa no decote, sândalo na barriga e jasmim entre as coxas. Brinque com estes perfumes, imagine estar num harém onde esses aromas do amor são uma constante.

Obviamente, você pode colocar esses aromas em outros lugares, como no travesseiro ou na lâmpada do abajur. Mas seja sempre econômica ao usar os óleos etéricos.

Transforme o seu corpo num jardim de aromas.

Uma massagem sensual entre os parceiros pode ser considerada a obra-prima na preparação para o amor físico. Passe pelo corpo um óleo especial para massagem, misturado com algumas gotas de um óleo etérico afrodisíaco. Com movimentos lentos e sensuais, desça da nuca para as costas do seu parceiro, vá das mãos para os ombros e suba dos pés até as nádegas. Evite as zonas erógenas.

Você encontra dicas sobre a massagem a dois na página 109 deste livro.

Liberte suas fantasias sedutoras: você com certeza terá mais idéias além das aqui sugeridas.

Massagem sensual

Afirmação:
Estremeço de sensualidade e festejo com o meu parceiro uma noite de prazeres.

➡ Querendo carinho

COMO ATIVAR AS PRÓPRIAS DROGAS

Desde a Antiguidade a humanidade tem influenciado seus sentidos e estado de consciência com a ajuda de drogas, como ópio, cocaína, maconha e álcool. Elas servem tanto para ampliar o estado de consciência em ritos religiosos como para ajudar a suportar um dia-a-dia exaustivo e cheio de privações.

Sinta-se bem com as drogas do próprio corpo

Junto às chamadas drogas exógenas, ou seja, as que são ingeridas ou aplicadas de fora para dentro, muitas culturas antigas têm conhecimentos das drogas endógenas, aquelas que por meio de determinados procedimentos são produzidas pelo corpo sem nenhuma influência externa. Entre elas estão a yoga, a meditação, o jejum ascético, a dança extática, a hiperventilação ou o mergulhar sob transe em determinados ritmos.

Os responsáveis por esses estados especiais de espírito e sentidos são os hormônios e os neurotransmissores, substâncias transmissoras enviadas pelo cérebro.

Como Ativar as Próprias Drogas

"Hormônios de bem-estar"

Bons exemplos são a serotonina, que atua emocionalmente como tranqüilizante e sonífero; a dopamina, que estimula emocional e sexualmente, é responsável pela sensação de felicidade e ajuda a fantasia, a criatividade e ajuda a manter desperto. A acetilcolina é responsável pelo nosso raciocínio, pela memória e pela percepção. A noradrenalina aumenta a vigilância e a clareza de raciocínio, às vezes levando à agressividade.[9]

Os hormônios e neurotransmissores normalmente estão em equilíbrio uns em relação aos outros, de forma que o homem vive saudável. Um desequilíbrio, entretanto, pode levar a desajustes tanto do estado físico quanto mental, gerar depressões ou prejudicar o raciocínio. Quando algum problema for diagnosticado, não se deve partir logo para o uso de meios químicos, e muito menos de psicotrópicos, e sim, tentar primeiramente estimular o corpo a produzir a substância que está em falta.

Como estimular o meu corpo a produzir uma droga?

Você está há duas horas sentada à escrivaninha e tenta, com todas as suas forças, se concentrar, mas não tem sucesso. É melhor fazer uma pequena pausa, tocar uma peça ao piano ou fazer uma dança extática. Dessa forma será produzido o neurotransmissor dopamina, que logo estimulará a sua criatividade espiritual. Pessoas com falta de dopamina tendem a apresentar um rígido autocontrole. Que, aliás, você deve deixar de lado. A produção de dopamina pode ser estimulada através da auto-sugestão, da yoga e da música que entusiasme e movimente.

Dificuldade de concentração

Dores

Quando sentir dor de dente ou outras dores, coloque uma música suave e agradável, que possa ouvir baixinho. Música suave aumenta a concentração de endorfina no sangue, que por sua vez reduz a sensação de dor. Você ainda pode estimular a produção corporal de endorfina por meio do treinamento autógeno, yoga, meditação, auto-sugestão ou dança extática.

---

9. Em seu livro *Körpereigene Drogen*, Munique, 1992, Joseph Zehentbauer faz uma interessante exposição do tema.

Afiando o raciocínio

Os pensamentos são transportados pela acetilcolina. Quanto maior o efeito desse hormônio em nós, mais rápido e claramente pensamos. Se essa substância nos faltar, se não for mais ativada em nosso corpo devido à poluição ambiental, por exemplo, poderemos sofrer de depressão ou da doença de Parkinson como conseqüência.

Para estimular a produção de acetilcolina, devemos nos manter em forma por meio de atividades espirituais, ou seja, não ficar passivamente diante da televisão, mas procurar aprender de forma ativa e treinar a memória. Também a meditação e a auto-sugestão, assim como todas as outras técnicas que estimulam a fantasia, têm efeito positivo sobre a produção de acetilcolina que, como dissemos, pode ser bastante prejudicada pela poluição do meio ambiente e pelas substâncias tóxicas encontradas nos alimentos.

Apatia e dificuldade para tomar decisões

Se você se sente constantemente apática e cansada, não tem quase nenhum interesse no mundo ao seu redor e também não consegue se decidir nunca, é provável que a concentração de noradrenalina no seu sangue esteja muito baixa. Saia dessa apatia hormonal entrando em *stress*. Isso mesmo. Exponha de forma extrema tanto o seu corpo como a sua alma a situações de sobrecarga que despertem sensações fortes. Esquie numa pista desconhecida acompanhada de um esquiador experiente, mesmo que não se considere preparada para o grau de dificuldade da pista. Ou tente escalar uma parede íngreme ou fazer *bungee jumping*. Uma maneira eficiente de aumentar a concentração de noradrenalina é deixar de dormir. Passe uma noite acordada realizando uma atividade agradável: vá dançar, conversar com uma amiga a noite inteira, etc... Concentre-se mais no seu estado de espírito e nas suas necessidades físicas, deixando que eles se ajustem. Quando estiver furiosa, não engula a raiva e sim, demonstre-a em alto e bom som. Isso pode não agradar quem está próximo, mas aos seus hormônios com certeza fará muito bem!

Afirmação: Meu corpo é um maravilhoso e complexo sistema no qual cada parte cumpre a sua função.

➡ Querendo carinho / Vontade de ter bom humor / O que quer dizer envelhecer?

COMO BUSCAR ALÍVIO

A água salgada é um bálsamo universal:
suor, lágrimas ou o mar.

Isak Dinesen

Nossa vida não consiste apenas de momentos cheios de alegria e prazer, mas também de decepções e experiências desagradáveis ou doloridas. Nós aprendemos a não demonstrar quando fomos atingidos e feridos. Mesmo quando crianças conseguíamos segurar as lágrimas quando não queríamos admitir que estávamos sentindo dor, tanto no corpo como na alma.

Este autocontrole é muito útil em algumas situações — imagine se você se debulhasse em lágrimas a cada ofensa no trabalho ou no metrô. Mas a dor não deve ser esquecida ou reprimida sob o risco de nos tornarmos doentes, medrosos e fracos. Somente quando experimentamos sentimentos como tristeza, frustração e ira podemos nos livrar deles e crescer.

Como podemos nos libertar de sentimentos negativos? A recapitulação noturna dos acontecimentos do dia nos faz retornar ao momento em que fomos feridos. Se você revisa a situação frustrante, também está ouvindo a si mesma: você está com raiva ou triste por causa da ofensa? Como você pode se libertar desse sentimento: por meio do suor, das lágrimas ou do mar? A recomendação de Isak Dinesen de que com água salgada nos livramos de todas as sensações ruins é tão simples quanto eficiente.

Como desabafar fisicamente

Se você sente raiva, desabafe fazendo movimentos violentos: vá correr no parque, faça um trabalho de casa ou de jardim que a esgote fisicamente. Tente suar bastante. Você também pode fazer o sangue parar de ferver por meio de pensamentos e palavras: xingue a pessoa que a incomodou, desabafe de todas as maneiras.

Chore todas as lágrimas

Caso tenha sido reaberta uma velha ferida e você se sinta triste e desesperada, deixe as lágrimas correrem. Algumas pessoas têm a compulsão tão arraigada de não mostrar fraquezas que até mesmo quando estão sozinhas têm dificuldade de chorar. Não deixe chegar a tanto. Você tem o direito de ficar triste e chorar as lágrimas que a ajudam a lidar melhor com os problemas.

Como você entra em contato com a sua tristeza? Você sente um nó na garganta e se considera um lixo. Pense intensamente num acontecimento no qual tenha sido muito magoada quando criança. Tente recapitular o que sentiu e procure as lágrimas infantis que em algum momento secaram. Diga "Eu estou triste". Tente métodos diferentes quando quiser chorar por coisas ruins. Algumas mulheres recorrem a um livro ou a uma poesia comovente. Outras mulheres se sentem tocadas por uma música ou um filme triste. Outras conseguem se abrir quando sentem a solidariedade de uma pessoa amada.

Propósito: Quero sentir a minha dor e deixar as lágrimas correrem.

Enfim você sente toda a intensidade de sua tristeza e sua dor. Desabafe. Demonstre-as de todas as formas que lhe fazem bem: chore alto e convulsivamente, uive e reclame, grite de tristeza e ira. Aos poucos você irá se acalmando, mas ainda estará muito ferida.

Tome um banho para se acalmar e lave todos os sentimentos de dor e tristeza. Mergulhe completamente na água e, então, levante-se lentamente da banheira. Você sente a água escorrendo do corpo e, com ela, tudo o que havia de negativo. Ela some pelo ralo e a deixa livre e limpa.

Agora, cuide do corpo e da alma: coloque um CD com música suave e de consolo que lhe desperte lembranças quentes e agradáveis. Após o banho faça uma massagem com loção cremosa à qual você adicionou algumas gotas dos óleos etéricos de coentro e de verbena.

O alívio se espalha por você. Você vivenciou a sua dor e tristeza. Foi muito cansativo, mas você conseguiu se livrar delas. Agora você está muito orgulhosa de si mesma e pode voltar a se dedicar a pensamentos mais alegres.

➡ Desabafo

Afirmação:
Assim como a minha alegria, a minha tristeza pertence a mim. Ambas têm seu tempo.

A LINGUAGEM DOS MEUS SONHOS

O sonho é a chave para o reconhecimento.

Perez de Montélimar

Noite após noite, mergulhamos numa esfera que tem regras e leis muito próprias: o reino dos sonhos. Pela manhã, só lembramos de fragmentos das inacreditáveis aventuras que vivemos. No sonho, tudo parecia tão claro que todos os acontecimentos seguiam estruturas lógicas. Tivemos sensações fortes, quase morremos de medo, estávamos muito felizes ou sexualmente excitados. Mas pela manhã o contexto nos escapa tão rapidamente que mal conseguimos nos agarrar a migalhas do sonho, e em seguida rimos da completa falta de uma lógica intrínseca que acreditamos permear o sonho que tivemos. Que pena!

O sonho: minha mensagem para mim mesma

Não pertence também à nossa personalidade essa vida de sonhos noturna, que fica além da nossa consciência diurna? Se queremos nos conhecer melhor, vale a pena nos ocuparmos de nossos sonhos. Quando encontramos uma entrada para as profundezas do nosso subconsciente e estamos em situação de interpretar e até dirigir nossos sonhos, estamos estabelecendo uma comunicação entre o nível consciente e o nível subconsciente, o que leva à vivacidade e à criatividade. Erich Fromm cita o Talmud: "Um sonho não interpretado é como uma carta não lida", e avisa que "os sonhos são importantes comunicados que partem de nós para nós mesmos".[10] Vamos conhecer então as mensagens de nossa alma para nós.

Neste ponto eu gostaria de lhe indicar um caminho para entrar em contato com os seus sonhos. O importante é que você leve a sério o mundo dos sonhos e o reconheça como sendo, à sua moda, tão significativo quanto o mundo real. Essa postura antes de adormecer, e a abertura para a vida de sonhos que está por vir, irão levá-la, com o passar do tempo, a vivenciar os seus sonhos de forma mais "consciente", ou seja, a distância entre a consciência da realidade e a consciência dos sonhos se tornará menor. Antes de adormecer, tome a resolução de acordar em uma passagem particularmente interessante, assustadora ou feliz do seu sonho. Coloque na mesa de cabeceira uma caneta e um "caderno de sonhos" e, caso consiga acordar dessa maneira preestabelecida, anote o que sonhou e o que sentiu durante o sonho. Com um pouco de treino você poderá dirigir seus sonhos, adormecendo de novo imediatamente depois de fazer anotações e continuando a sonhar — só que na direção que a sua consciência desperta decidiu.

Meu "caderno de sonhos" à cabeceira da cama

Na verdade, parece mais complicado do que é. Se você com alguma perseverança adormecer com a intenção de acordar do seu sonho, com certeza logo o conseguirá. Também é relativamente fácil aprender a anotar e voltar a adormecer em seguida. No meu grupo de mulheres, experimentamos o contato com os sonhos e isso funcionou com todas nós.

Uma mulher em especial ficou profundamente feliz com esse método. Durante anos ela sofreu com um único pesadelo que voltava regularmente: um cachorro enorme a perseguia e arrancava um pedaço de sua perna com uma mordida. Anna aprendeu a acordar antes de ser mordida. Ela então lançou uma mágica ao seu redor, adormeceu de novo e o cachorro passou direto por ela, pois não estava mais ao seu al-

Propósito: Quero ultrapassar o abismo entre a consciência do sonho e a da realidade e aproximá-las. Pretendo acordar num determinado ponto do meu sonho e interferir nele conscientemente.

---

10. Erich Fromm: *Märchen, Mythen, Träume. Eine Einführung in das Verständnis einer vergessenen Sprache.* Stuttgart, 1980, p. 16.

Afirmação: Os meus sonhos são parte importante de mim. Eu quero estar aberta para as mensagens que eles contêm.

cance. A partir de então ela não estava mais à mercê do sonho, mas podia direcioná-lo de acordo com suas regras, o que teve um efeito positivo sobre a sua autoconfiança.

➡ Encare os próprios medos

COMO ENCONTRAR CLAREZA

Nada tranqüiliza mais a alma do que um objetivo,
um ponto para o qual ela possa dirigir
seu olhar intelectual.

Mary Woolstonecraft Shelley

Em algumas fases da nossa vida não sentimos mais o chão sob nossos pés, não sabemos mais o que é certo ou errado e quais são os nossos objetivos e desejos. O que podemos fazer para descobrir o que é realmente importante?

A distância é uma condição para que consigamos sair do caos. Podemos ganhá-la de diferentes maneiras: levando ao pé da letra, basta fazer as malas e se afastar fisicamente por um final de semana ou mais. Quando você não sabe mais o que fazer, visite uma amiga sábia, uma pessoa que saiba escutar, ou vá para um lugar solitário, onde possa estar sozinha. Passeie pela praia, esgote-se fisicamente esquiando, dançando ou caminhando. Às vezes faz bem não pensar em nada; às vezes só se consegue pensar com clareza trocando de ambiente.

Você também pode vencer grandes distâncias em sua fantasia. Assuma a perspectiva de um pássaro: imagine que é uma águia subindo cada vez mais alto no céu. Batendo as asas com energia você deixa para trás o campo carregado de problemas

Ganhe distância

*Propósito:
Hoje eu quero ver a minha vida de uma nova perspectiva e procurar a linha que me leva direto aos meus objetivos*

Para encontrar paz e clareza, deveríamos às vezes nos recolher a um lugar isolado.

como se fosse um pântano encoberto pela neblina. Quanto mais alto voa para a luz, mais leve você fica. Lá embaixo, o pântano se reduz a um ponto minúsculo e em volta dele o mundo é maravilhoso e diversificado: florestas, campos, cidades, lagos e o mar. Dessa perspectiva, quão insignificante lhe parece o problema que antes lhe toldava a razão! Aos poucos você reconhece que à sua disposição estão diversos caminhos. Veja-os com calma a uma longa distância. O importante não são os detalhes e, sim, a longa linha reta que leva ao objetivo final.

Onde eu estou hoje?

Às vezes, uma outra ajuda é ver a própria situação de forma relativa, comparando-a com as experiências e expectativas em outras situações problemáticas. Volte ao tempo em que estava em alguma crise. O que você questionou? Com o que estava infeliz? O que poderia tirá-la do fundo do poço? Compare a situação atual com a passada. Se conseguiu achar uma saída, como se deu isso? Agora olhe para o seu futuro. Imagine como, num ano, você estará olhando para trás aliviada e agradecida. Com a confiança de que aos poucos ou subitamente voltará a ver com clareza, siga o seu caminho livremente. Você não se perderá.

Bastante útil também podem ser atividades de engajamento em prol dos necessitados. Cuidar de pessoas infelizes, idosas, doentes ou sem-teto nos mostra quantas possibilidades de dar rumo à própria vida estão abertas para nós.

Conheço pessoas que, ao entrar em crise, se recolhem e ouvem ou tocam muita música, pintam, escrevem, lêem ou enchem o ambiente ao seu redor de quadros para os quais sempre voltam o olhar. A maioria delas encontra uma saída de forma intuitiva. Confie em si mesma e veja todas as crises como uma chance para se renovar e enriquecer interiormente.

➡ Como diferenciar o essencial do dispensável

Afirmação:
Eu me distancio dos obstáculos diários e aos poucos reconheço o que realmente é importante para mim.

"ESTÁS AQUI, ESPÍRITO?"

Quero apresentar aqui, como uma "brincadeira séria", o que pode parecer um experimento maluco de adolescentes. Proporciona muita diversão e é espantosamente estimulante: uma sessão espírita.

Quem deu a idéia foi uma amiga que me contou a respeito: "Começou ainda na escola, quando estávamos sob pressão pouco tempo antes das provas finais. Nós nos juntamos para uma sessão e fizemos perguntas a um espírito a respeito do nosso futuro, especialmente em relação às nossas notas nas provas, é lógico. A mim foram ditas notas que mais tarde se revelariam como absolutamente corretas e, desde então, participo dessas sessões, principalmente quando tenho um problema. De algum jeito o espírito sempre me ajuda."

A ajuda de um "fantasma"

Obviamente, essa minha amiga estudou intensamente esse fenômeno parapsicológico e leu uma série de livros a respeito. Ela está bem longe de acreditar em fantasmas e explica a sessão como uma manifestação do subconsciente dos participantes. As respostas do "fantasma" nada mais são do que a expressão dos seus desejos, das suas expectativas. Isso acontece numa esfera que não é controlada pela razão.

O "jogo" funciona assim: escrevem-se todas as letras do alfabeto, assim como os algarismos de zero a nove em pedaços de papel que devem ser posicionados formando um círculo sobre uma mesa lisa. No meio do círculo coloca-se um copo virado para baixo. Os participantes sentam-se à volta da mesa e colocam os dedos indicador e médio com suavidade na borda do copo, encostando-os nos dedos do vizinho. Esse círculo de contato tem de estar sempre fechado.

Uma sessão espírita

Uma sessão espírita diverte e, muitas vezes, traz à luz soluções que o nosso consciente não conseguiu ver.

Numa atmosfera apropriada, ou seja, na penumbra, à luz de velas e em silêncio, os presentes devem se concentrar num espírito, que então chamam: "Espírito, estás aqui? Se estás, aparece." Depois de algum tempo, o copo começa a se mover sobre a mesa: o espírito está presente e preparado para se comunicar. Então, pode-se começar a fazer perguntas, que o espírito responderá empurrando o copo na direção das letras ou números. O espantoso é que o copo se move sem o uso da força. Mesmo quando os dedos mal tocam a borda do copo ele se move rapidamente em todas as direções soletrando as respostas. A maioria delas é animadora e, quando se tem um problema, mostra uma direção que antes não tínhamos visto. Depois de ouvir o relato de minha amiga, participei eu mesma de várias dessas interessantes sessões.

Qualquer que seja a sua opinião a respeito e o quanto você leve o jogo a sério, ele diverte e dá respostas às suas perguntas, desde que você esteja aberta a elas.

O copo reage de formas diferentes, às vezes imediatamente depois da pergunta e com grande rapidez, outras vezes é preciso esperar bastante e até interromper a sessão, pois as respostas não fazem sentido. Isso depende da composição do grupo. Algumas pessoas têm mediunidade, outras não. Experimente se tiver vontade de viver uma aventura, qualquer que seja a roda onde o "espírito" aparecer. Divirta-se!

➡ O gosto pela novidade

OS OTIMISTAS SÃO MAIS FELIZES

O pessimista descobre em todas as
oportunidades as dificuldades;
o otimista, em todas as dificuldades,
as oportunidades.

L.P. Jacks

Você sabia que a vida é mais fácil para os otimistas do que para os pessimistas? Os otimistas não são de forma nenhuma tolos bonzinhos que não reconhecem quando a vida lhes prega peças maldosas. O que acontece é que eles desfrutam de certa imunidade contra influências negativas. Quem sempre espera pelo pior geralmente acaba recebendo o pior. Esse fenômeno é conhecido como a profecia que se auto-realiza. O motivo? Muito simples: você já reparou que, quando compra um carro novo, de repente as ruas se enchem desse mesmo modelo? Você também não achou que no ano em que estava grávida (ou quando desejou estar), as ruas estavam cheias de mulheres grávidas? Essa forma de percepção seletiva também se aplica à nossa maneira de ver a vida. Se somos otimistas, e só esperamos coisas positivas, percebemos também com mais freqüência o que é positivo, enquanto que o negativo passa facilmente despercebido. As experiências negativas, ao contrário, ganham destaque quando as esperamos e nos preparamos para elas.

Caso você pertença à categoria de pessoas que com mais freqüência pensa: "Eu sabia que não podia dar certo", ou "Isso eu não consigo de jeito nenhum", então deveria se esforçar

A postura básica determina a realidade

para adotar uma postura mais positiva e dar a si mesma a chance de viver mais feliz, com mais sucesso e até ser mais saudável. Tudo é uma questão de postura interior. Acostume-se a ver os acontecimentos pelo melhor lado, e não terá mais de se irritar com tanta freqüência.

Propósito: Quero procurar o lado positivo de todas as coisas e acontecimentos e me alegrar com eles.

É possível aprender a ser otimista. Primeiro tome conhecimento da sua própria riqueza. Anote as coisas pelas quais você pode ser grata. Você ficará surpresa com o tamanho da lista (se não, pense em alguns itens a mais). Então, pense nos acontecimentos dos últimos tempos: importantes e insignificantes, graves e banais. Veja-os primeiro pelo lado ruim, depois pelo lado bom.

Um exemplo: imagine uma decepção. Você marcou um jantar com um colega muito simpático, mas ele ficou doente na última hora e telefonou desmarcando. Uma reação pessimista seria o pensamento: "Isso sempre acontece quando eu tenho um encontro. Será que ele marcou com outra? Eu nasci mesmo para ficar sozinha." Sendo uma otimista você pensaria: "Adiado não é cancelado." Você manda para ele flores, um livro ou comprimidos de vitamina para que ele se recupere mais rápido. Você decide, na noite em que seria o jantar, ir para a cama mais cedo, pois afinal há três noites você não dorme o suficiente e, na verdade, o adiamento até que é positivo. Ao próximo encontro você dará um jeito de ir sem sono.

Não existem experiências negativas

Espere da sua vida o melhor. Parta do princípio de que na verdade não existem experiências negativas, pois toda experiência (boa ou "ruim") por si só é valiosa: com ela você pode crescer e amadurecer.

Afirmação: Eu sou uma pessoa de sorte. A vida é bela e eu fico feliz por ela ter tanto a oferecer.

➡ Aprenda a ser confiante / Meu sorriso interior

ENCARE OS PRÓPRIOS MEDOS

Mais valente não é aquele que não tem medo e sim aquele que o venceu.

Antigo ditado

Boa parte da nossa força e energia é bloqueada e comprometida pelos medos. Muitos deles são justificados e servem para a nossa proteção, como o medo do fogo. Se não tivéssemos esse medo, talvez caminhássemos em direção a um incêndio na floresta como mariposas que, atraídas pela luz, voam para as chamas e morrem queimadas.

Entretanto, há medos que não servem para nada e apenas nos atrapalham. Muitas vezes são medos indefinidos que vieram de vivências de nossa infância que já foram esquecidas há muito tempo. Elas nos atormentam porque são muito difíceis de serem esquecidas.

Formular esses medos ajuda a lidar com eles. Em vez de reprimi-los num canto e ignorá-los, deveríamos olhá-los diretamente nos olhos. Quando você tem uma sensação latente de medo, escreva também o que lhe causa medo. Anote rápido e sem pensar muito. Você pode citar pequenos e grandes medos. Depois, analise-os e pense em como lidar com eles. Coloque-se por exemplo na situação de perda do emprego: para muitas pessoas esta é uma idéia que provoca muito medo. Que conseqüências pessoais, sociais e financeiras teria esse desemprego? Imagine o problema em todos

Como falar a respeito dos medos

os seus detalhes. Quanto mais tempo e mais detalhadamente você estuda esse quadro de horror, mais concreta será a ameaça e mais objetivamente você poderá pensar em estratégias para lidar com a situação causadora do medo.

Propósito: Hoje darei uma olhada nos meus medos e imaginarei com que passos posso reprimi-los.

Analise então o quão realista é o perigo do desemprego e, se fosse o caso, o que poderia fazer para evitá-lo ou lidar com ele. Depois de uma análise mais próxima da realidade vemos com mais clareza, e os medos difusos dão lugar a idéias concretas a respeito do que se pode fazer.

É possível aprender a lidar com o medo

Afirmação: Confio na minha força interior e me liberto cada vez mais das algemas do medo.

Avalie a sua conduta em situações que parecem sem saída. Imagine regularmente uma situação catastrófica. Você perceberá que sente cada vez menos medo ao pensar nessas possíveis condições de vida e que, pelo menos na imaginação, você sabe lidar com elas. Medos vivenciados libertam forças e tornam a pessoa independente. No entanto, você não deve dedicar muito tempo a esses pensamentos. Alguns minutos por dia são o suficiente, então direcione-se liberta e confiante à sua realidade, com a sabedoria de que ela não lhe dá nenhum motivo para ter medo.

➡ Como ouvir a mim mesma: uma viagem pelo corpo / Aprenda a ser confiante / A linguagem dos meus sonhos

CARPE DIEM

Alegrai-vos, alegrai-vos, alegrai-vos...
Alegrai-vos, não vos preocupeis.
Olhai o mundo.
O mundo é belo.

María Sabina (vidente e santa de Mazateka)

"Aproveite o dia!" Só isso e mais nada. Sinta-se em perfeita sintonia com o aqui e agora. Não pense no passado, não se entregue a nenhuma lembrança melancólica; não tenha pressa em alegrar-se pelo amanhã ou depois. Simplesmente viva, coloque-se nas mãos do tempo.

Mas como?

Isso você descobrirá por si mesma, pois não existe nenhuma receita que sirva para todos. Tudo é possível. Só uma coisa você deve levar a sério, principalmente se é uma pessoa que vive no compasso do relógio e da agenda diária: estipule antes de tudo um espaço de tempo em que se deixará levar completamente. Dê a si mesma um dia livre, sabendo que pode não fazer nada ou que pode fazer tudo, exatamente da maneira como desejar.

Entrevistei muitas mulheres a respeito da expressão *carpe diem* e recebi várias sugestões interessantes, entre elas as seguintes: "Para mim, a melhor maneira de deixar o dia correr livremente é estando de férias, de preferência sobre um colchão de ar. A água e os movimentos suaves das ondas são muito importantes para mim. Por isso, meu passatempo predileto nos finais de semana, no verão, é levar o meu barco

Balançando sobre as ondas

inflável para um lago próximo. No inverno é mais difícil. No inverno, gosto de ficar em casa, aconchegada na minha cama, lendo."

Piquenique no verde

"O conceito de viver o dia ao Deus dará, para mim, é fazer um piquenique. Quando eu era criança, aos domingos nossa família saía de casa com uma cesta de piquenique, cobertores e jogos. Às vezes, fazíamos um churrasco, mas sempre ríamos muito e passávamos o dia inteiro ao ar livre até ficarmos modorrentos do sol. Os piqueniques são as minhas melhores lembranças de infância e ainda hoje representam o meu maior prazer."

Deixe-se levar pelo menos uma vez e aproveite o momento.

Dançar

"Eu adoro dançar. Dançando, esqueço-me completamente de mim mesma. Infelizmente, meu marido não dança absolutamente nada e eu não quero freqüentar um curso de dança com outro homem, pois de certa forma não acho isso certo. Mas às vezes eu vou com uma amiga a uma discoteca que ainda se possa freqüentar aos 30 anos sem causar muito espanto. Nós dançamos a noite inteira e então vamos para a casa dela, onde nos deitamos por algumas horas, tomamos o café da manhã com tranqüilidade e depois vamos à sauna. Quando volto para casa depois dessa saída de 24 horas tenho a impressão de ter gozado férias de verdade."

"Só consigo me desligar se estou num lugar diferente. Por isso, viajo freqüentemente para outras cidades relativamente próximas, nos finais de semana. Estes passeios em geral são baratos e em outro ambiente posso me soltar e me deixar levar sem olhar para o relógio."

Conhecer cidades

"Quando tenho um dia inteiro para mim, passeio pelas lojas. Olho tudo: roupa de cama, artigos de toalete, jóias, móveis, roupas, simplesmente tudo. Às vezes, experimento um vestido ou um casaco de pele só para me divertir. Não preciso comprar nada. Eu me abasteço apenas olhando, assim esqueço completamente a hora. Isso me diverte muito."

Só olhando...

"Tenho no nosso apartamento um jardim de inverno que é o meu reino, a minha ilha de refúgio. Todos lá em casa respeitam isso. Às vezes eu mudo a decoração: pinto uma parede, mudo as plantas de lugar e penduro bolas de vidro no teto, ou modifico a posição das velas e da minha coleção de pedras semi-preciosas. Nessa atividade, esqueço tudo ao meu redor. Depois de modificar meu jardim de inverno eu me sinto como se tivesse dado uma varrida no meu interior. Na maioria das vezes tenho esses acessos quando alguma modificação está em processo dentro de mim. É como se eu fosse exteriorizá-la por meio da nova apresentação do meu jardim. É algo que me traz uma imensa satisfação."

Meu jardim de inverno

"Por causa da minha profissão, durante a semana eu quase não tenho tempo para cozinhar e comer com calma. Tudo tem que ser muito rápido. Em geral, como de pé mesmo em algum lugar; em casa só como lanches ou coisa parecida. Mas, no final de semana, vou ao mercado com tempo e escolho com toda a tranqüilidade os melhores e mais frescos ingredientes para preparar um menu especial. Aí vou para a cozinha e cozinho com esmero. Tem que ser sempre uma receita nova. Os vinhos têm que combinar com cada prato servido. É claro que eu preparo também todo o aparato da refeição: a toalha de mesa e os talheres têm que estar de acordo. Eu escolho com cuidado meus convidados. No meu círculo de amigos sou conhecida como uma artista da cozinha. O que me alegra tanto quanto o ato de cozinhar."

Uma festa culinária

Pássaro migratório

Propósito: Hoje eu quero me abrir para os momentos de felicidade nas coisas minúsculas e rotineiras da vida.

"Toda primavera tenho o impulso de me pôr em marcha, não importa para onde. Antes de partir nunca sei qual será o meu destino. Então decido se vou a pé, de trem, de carro ou até se pego o barco e vou remando rio abaixo. A maior emoção para mim é me levantar de manhã e saber: "Ahá, hoje é o dia!" De manhã eu não sei onde estarei à noite — uma idéia incrivelmente libertadora. Para mim, essa forma de viver tem a ver com a dominação dos meus medos e com o fato de eu deixar para trás todas as minhas obrigações e expectativas. Por um dia (ou final de semana) estou livre de todas as algemas; eu posso me redefinir. Esses passeios sempre representam uma nova experiência comigo mesma."

Um banho com música

"Quase sempre passo os finais de semana com meus pais, que têm uma casa com uma localização magnífica, junto a um lago isolado. No verão, a melhor coisa do mundo para mim é quando estou nadando ao som do Concerto para Clarinete em Lá Maior de Mozart. Eu ligo a música na varanda e desço para o lago, tiro toda a roupa e mergulho no exato momento em que o solo do clarinete começa. Então fico boiando ao som dessa música maravilhosa. Olho para o céu e imagino que as notas vão subindo e me levando com elas.

Consigo esquecer tudo completamente por meio dessa experiência musical. Tenho a impressão de me fundir com a música. Em seguida, sinto-me como se tivesse renascido."

Encontros com a Lua

"Desde a infância, tenho uma relação muito próxima com a Lua. Já quando pequena eu me consolava olhando para ela e me banhando no seu brilho cinza gelado. Quando me sinto triste e vazia eu me sento ao ar livre e imagino que estou me preenchendo com a sua luz clara. Então fico tranqüila e confiante e sinto uma enorme segurança. Talvez isso tenha relação com uma história que minha avó me contou a respeito de uma menina. Ela havia se perdido e passou a noite aconchegada no lado interno da meia-lua, que a consolou e protegeu.

Tenho um carinho especial pela lua crescente. Eu vejo essa fase como um tempo de esperança e de promessas. Tento deixar todos os trabalhos criativos para esta fase da lua, pois a energia do seu crescimento se transfere para mim também.

"A energia da lua crescente se transfere para mim também."

    Dessa forma, o moto *Carpe diem* — aproveite o dia — deveria ser transformado, no meu caso, em *Carpe lunam*, pois eu aproveito mais o luar do que o dia."

"Sou apaixonada por jogos: cartas, xadrez e todo tipo de jogo em grupo. Formei um grupo de amigos com o qual me encontro uma vez por semana. Nós experimentamos novos jogos ou jogamos aqueles que nos divertem mais. Quando jogo, não vejo o tempo passar. Jogando, acho que estou mais feliz ou mais próxima da felicidade.

Jogos com amigos

    Ultimamente temos jogado um jogo legal que funciona assim: cada participante folheia o dicionário até encontrar uma palavra desconhecida, que anota num papel junto com o significado. Então fica fantasiando de dois a quatro significados diferentes para essa palavra, que devem ser anotados como num dicionário na mesma página. Coloca seu nome no final e todas as páginas são recolhidas. As palavras são apresentadas individualmente com todos os significados, e os jogadores têm que adivinhar qual é o correto. É sempre uma grande diversão porque aparecem nomes e explicações os mais estranhos. No início, era relativamente fácil filtrar os significados errados, mas agora estamos ficando craques ao formulá-los e é cada vez mais difícil reconhecer as definições corretas.

Afirmação:
Sou grata aos muitos momentos de alegria que a vida proporciona.

    Definições bem-feitas recebem recompensa; se ninguém atinar com a explicação correta, a pessoa que descobriu a palavra-chave recebe tantos pontos quantos forem os participantes do jogo. Ganha quem fizer o maior número de pontos."

➡ Momentos de felicidade

MEU SORRISO INTERIOR

Deveríamos ir ao encontro dos outros sempre com um sorriso, pois o sorriso é o início do amor.

Madre Teresa de Calcutá

Rir é o melhor remédio. Essa velha sabedoria popular foi cientificamente comprovada e é por isso que nos Estados Unidos, nas alas de tratamento de câncer infantil, procura-se sistematicamente levar as crianças a rir. Lançando mão de situações cômicas, palhaços e patinhos de borracha, procura-se aumentar a imunidade das células enfraquecidas.

Então, ria tanto quanto for possível, não apenas para fortalecer o seu sistema imunológico e evitar doenças, mas simplesmente para aumentar sua atividade interior e atingir uma onda energética mais elevada. Veja as coisas pelo lado mais alegre. Essa perspectiva também pode ser treinada, assim como o otimismo.

É claro que não estou falando aqui de uma ingenuidade forçada, que faz você cair na risada em qualquer situação, mesmo nos momentos menos apropriados. Eu me refiro à risada franca e natural, que vem do coração. Um sorriso também leva a um estado de espírito mais leve.

A risada ou o sorriso sincero nos mantêm saudáveis

De acordo com a visão taoísta, o chamado sorriso interior, com o qual se consegue ver o lado mais positivo dos fatos independentemente da sua aparência exterior, é uma saudável medida preventiva. Esse método é de grande valor. Faça o seguinte teste. Experimente diferentes expressões faciais: sombria, furiosa, agressiva, tensa, tranqüila, serena, relaxada, feliz e sorridente. Você perceberá que também os seus sentimentos vão se modificando levemente de acordo com a sua expressão facial. Com um rosto sorridente, fica mais fácil se sentir calma e pacífica.

Vá ao encontro de si mesma e do mundo com um sorriso.

Sorria para si mesma sempre que se vir no espelho. De manhã cedo, faça uma saudação sorridente a si mesma e, à noite, presenteie-se novamente com um sorriso antes de dormir. Meditando você pode visitar o seu corpo e sorrir agradecida para todos os seus órgãos. Eles lhe retribuem com saúde.

E, finalmente, siga a vida mais levemente sorrindo. Você não acha agradável receber um sorriso de outras pessoas? Devolva esse sorriso. Você cultivará uma relação amigável com os outros, sem problemas ou *stress*.

Afirmação:
Ao sorrir, sinto que o meu sorriso se espalha por todo o corpo, irradiando-se para o exterior.

➡ Os otimistas são mais felizes

RITUAIS QUE AJUDAM

Com o ritual nós atraímos o que é sagrado.
O ritual é a chama que não se deve extinguir.

Christina Baldwin

A princípio, um ritual é uma série predeterminada de procedimentos de culto que dão acesso a uma esfera religiosa ou espiritual. Há diversas formas de ritual. Característica comum a todos eles é que seguem uma seqüência preestabelecida e nos dão um determinado sinal. O que também pode ser transferido para o nosso dia-a-dia. Por exemplo, pode-se definir o ato de pôr a mesa todas as noites como um ritual por meio do qual mostramos à família que o jantar logo estará pronto.

No nosso dia-a-dia seguimos muitos rituais

No jardim de infância e na escola as crianças já aprendem muitos rituais que estruturam a ocupação do tempo durante o seu dia: o recreio, a hora de brincar, o aquecimento para a educação física, o sinal que encerra uma aula, etc. Esses rituais continuam na vida adulta. Todo mundo conhece os inúmeros e pequenos hábitos que compõem a jornada de trabalho. Muitos deles dão sinais que nos ajudam bastante; no entanto, devemos cuidar para não nos tornarmos dependentes deles. Mudar a rotina e proporcionar à vida novos rituais sempre é bom, mesmo que no começo haja uma certa confusão.

Para a maioria das pessoas, os costumes arraigados, a forma de agir por meio de rituais representam uma grande ajuda na resolução de problemas. Questionei muitas mulheres a respeito de seus rituais e recebi respostas interessantes:

Os óculos limpos

"Muitas vezes me sinto cansada ao encerrar o dia de trabalho e ir do escritório para casa. Eu me deito por dez minutos, fecho os olhos e relaxo. Então lavo os olhos com água fria e limpo muito bem os meus óculos. Isso me dá novo vigor para as próximas horas do dia. A visão mais clara através de lentes limpas tem sobre mim o efeito de um despertador."

Conversas consoladoras

"Quando tive o segundo bebê, minha filha mais velha estava bastante infeliz. Na época com 4 anos, ela voltou a fazer xixi na cama, a chupar o dedo e se retraiu muito. Foi então que nós tornamos nossas conversas de consolo um ritual. Todas as tardes, enquanto o bebê dormia, nós encenávamos com fantoches teatrinhos cujos temas eram os medos do 'destronado' filho mais velho. O fantoche mais importante se chamava Amanda e teve que passar por muitas coisas na sua vida de boneca. Os bate-papos de consolo da Amanda nos fizeram tão bem que nunca chegamos a parar com eles. Hoje minha filha tem 23 anos e não mora mais conosco. Mas a Amanda ainda está em casa e, quando me sinto triste, coloco-a perto de mim e converso com ela.

A Amanda ainda exerce o seu papel em conversas com a minha filha. Quando ela não sabe mais o que fazer, telefona ou vem me visitar e não perde tempo: 'O que você acha que a Amanda faria se tivesse tal problema?' Eu sou realmente muito grata por termos achado um ritual que nos ajuda a conversar sobre nossos problemas em situações difíceis e a desabafar. Pois na Amanda podemos confiar."

Cartas do além

"Quando estou deprimida, ajuda muito ser consolada por pessoas que me amam de forma incondicional: minha mãe, minha avó e meu avô.

Meus avós morreram e minha mãe mora muito longe, mas eu encontrei um bom caminho para que eles possam conversar comigo: eu escrevo uma carta para mim mesma levando em conta o ponto de vista dessas três pessoas queridas. Eu me coloco, por exemplo, na posição do meu avô, que me amava sem limites. Quando eu era bem pequena, eu já gostava de acompanhá-lo em tudo. Ele me mostrava e explicava as coisas e se alegrava com tudo o que eu dizia ou fazia. Aos seus olhos eu era perfeita. Tudo em mim era certo e bonito. Ao lado dele eu tinha as melhores idéias, era a mais hábil de todos e digna de ser amada em todos os sentidos. Hoje em dia quando me escreve, ele me diz quão esperta eu me tornei, como ele se orgulha de mim, das minhas decisões e ações e como ele confia que eu viva bem a minha vida.

Minha avó e minha mãe reagem de maneira semelhante em relação a mim, e uma carta delas, mesmo que seja fictícia e tenha sido escrita por mim mesma, me ajuda muito a reencontrar minha costumeira autoconfiança e segurança."

Um ritual de recompensa: presenteie-se com uma rosa quando tiver cumprido uma tarefa difícil.

Uma rosa para um final bem-sucedido

"Alguns homens dão jóias à esposa quando ela dá à luz um filho, e alguns até chegam a plantar uma árvore. Estabeleci para mim um pequeno ritual que me traz muita satisfação: sempre que termino um trabalho, por exemplo, encerro um caso com sucesso e ajudo uma mandante a fazer justiça, vou até uma floricultura e procuro para mim a mais bela rosa de cabo longo. Por alguns dias, ela fica sobre a minha escrivaninha como um 'solitário'. Depois de seca, eu a coloco com outras rosas secas, que atualmente já formam um buquê e tanto e que me mostram quantos casos já encerrei com sucesso."

Afirmação: Tomo conhecimento dos rituais que sigo e de como eles me ajudam.

➡ Como buscar alívio

SOLTANDO AS AMARRAS

A relação entre mãe e filho é paradoxal e,
de certa forma, trágica.
Ela exige da mãe o amor mais intenso;
e é exatamente esse amor que
deve ajudar o filho a se desenvolver
longe dela e a tornar-se
totalmente independente.

Erich Fromm

Uma boa amiga de minha mãe passou por uma situação terrível. Durante toda a sua vida ela se preocupou quase que unicamente com seus dois filhos. Seu marido morrera cedo e ela se lançou com o dobro de entusiasmo à educação das crianças. Não poupou nenhum esforço. Participou de tudo. Estava sempre de prontidão quando a filha queria ser levada para cavalgar ou o filho tinha de ser apanhado na discoteca. Ela estava sempre presente, esperava com impaciência que as crianças chegassem da escola, estava informada sobre tudo o que dizia respeito aos filhos e se preocupava também com os amigos deles.

Apesar de toda a comodidade proporcionada pela mãe, ambos saíram cedo de casa e foram morar com parceiros que só apresentaram à mãe contra a vontade. Durante anos mantiveram-na a distância, o que a magoava muito. Essa situação só se modificou quando ela conheceu um companheiro com quem partilhava o tempo livre. Então os filhos se reaproximaram. Antes eles tinham se sentido tão cobrados pela mãe que só conseguiram se livrar dessa proximidade sufocante por meio de uma ruptura drástica.

A educação dos filhos é uma constante despedida

Nós mulheres deveríamos ter conhecimento dos perigos que evocamos quando não conseguimos soltar nossas crianças a tempo. Educar os filhos é um processo pelo qual nos despedimos constantemente deles.

A estreita ligação entre mãe e filho vai se soltando conforme a criança cresce e se torna independente. Ainda quando bebê acontecem modificações às quais a mãe tem de se adaptar: a criança desenvolve um anseio por liberdade, quer fazer cada vez mais o que antes a mãe fazia por ela. Outras etapas dessa "ruptura" do cordão umbilical começam quando mãe e filho são separados por um período mais longo, por exemplo quando a criança entra no jardim de infância. O raio de independência vai aumentando gradativamente. Em algum momento ela viajará sem os pais, fará seus próprios amigos e um dia deixará a casa paterna para caminhar com as próprias pernas.

Naturalmente, esse desenvolvimento é muito positivo e, quanto mais independente nossos filhos se tornam, mais felizes e seguros de nosso sucesso como educadores deveríamos ficar. Somente quando soltarmos nossos filhos de verdade eles poderão tomar as rédeas da sua própria vida.

Para que seja mais fácil soltar as amarras

Caso você tenha dificuldades em libertar o seu filho, lembre-se de sua própria infância, principalmente da puberdade. O que você mais amava na sua mãe e o que mais odiava nela? Como reagia em relação à confiança e à desconfiança de sua mãe? Quando você se sentia próxima dela, e quando preferiria ter saído de casa?

Você poderá aceitar mais facilmente o processo de independência dos seus filhos se o visualizar como algo belo e positivo.

Instrução: Meditação para libertar os filhos mais facilmente

Relaxe. Respire profundamente várias vezes. Não pense em nada. Então imagine que é um pássaro e que pode voar. Você abre as asas e sobe no ar. Os movimentos levam-na cada vez mais alto, sobre frias florestas azuis, lagos cintilantes, suaves colinas, voando alto na direção do sol, cuja luz dourada a preenche. Você sente uma liberdade sem limites e uma felicidade infinita.

Soltando as Amarras 155

Imagine que é um pássaro e pode voar...

Depois desse vôo inebriante, você volta para o seu ninho. O seu filhote está pronto para aprender a voar. Há alguns dias ele vem exercitando os seus primeiros movimentos de vôo não-direcionados, e está ficando cada vez mais forte. Até você sente uma certa impaciência, pois somente quando o seu filhote voar com segurança ele estará livre dos perigos à sua volta: os felinos e outros animais de grande porte da floresta. Só então você poderá ficar realmente tranqüila.

Hoje é o grande dia: você pousa sobre um galho e chama o seu bebê-pássaro até você. Ele se coloca a seu lado, ao mesmo tempo cheio de medo e de expectativas. Você o encoraja a voar — e ele se lança no ar. A princípio ele cai vertiginosamente, mas então abre as asas e se lança para o alto. Você solta um grito triunfante: o seu filhote conseguiu!

Abra os olhos aos poucos. Tente manter a sensação de orgulho e felicidade e a transponha para a independência que seu filho alcançou até agora. Ele não irá amá-la menos quando você deixá-lo voar sozinho e livre.

Afirmação:
Eu me despeço da fase que estou deixando para trás. Ela foi muito bonita. Cheia de expectativas, rumo para o que é novo.

➡ Como buscar alívio

COMO ADMINISTRAR O TEMPO

Preciso dominar o relógio e não posso deixar que ele me domine.

Golda Meir

A organização vale dinheiro. Todos os que reconhecem o valor de uma secretária competente sabem disso. A maioria das mulheres tem um maravilhoso talento para organizar — mas não o usam para os próprios interesses. Caso você seja profissionalmente uma talentosa administradora, assim como em casa e com as crianças, está mais do que na hora de empregar esta capacidade em favor de si mesma.

Delegando tarefas

A administração do tempo começa quando você delega tarefas. Ao distribuir alguns trabalhos rotineiros entre seus filhos, você ganha espaços tanto em termos de tempo quanto na sua cabeça. Conforme a idade, os seus filhos podem ir ao supermercado, colocar o lixo para fora, esvaziar a máquina de lavar louça, secar e guardar a louça, limpar a pia, engraxar os sapatos, passar o aspirador, etc. Você pode exigir sem problema nenhum que seus filhos realizem essas tarefas, desde que elas estejam de acordo com a idade deles. Assim, as crianças aprendem coisas que no futuro de todo o jeito precisarão saber. Além disso, muitas mães tiveram a experiência de que determinados trabalhos até divertem as crianças. Os deveres das crianças devem aumentar em proporção aos seus direitos. O dinheiro que recebem ou até o pagamento de uma mesada devem ser independentes dos trabalhos na casa. As crianças devem aprender que elas também carregam parte da responsabilidade pela família. Coisa muito diferente é quando as crianças querem ganhar um dinheirinho extra com trabalhos que normalmente não seriam de sua responsabilidade, como arrumar e limpar o porão, pintar as paredes do quarto, etc. Também nesse caso a tarefa deve estar de acordo com a idade.

O marido também deve assumir determinados trabalhos, pois isso é natural numa relação conjugal. Se o seu parceiro tem tantas obrigações profissionais durante a semana que não consegue se engajar nos afazeres com a família e a casa, então deve assumir uma tarefa nos finais de semana, como por exemplo jardinagem, as compras de supermercado ou o preparo de uma refeição.

Caso este típico trabalho de Sísifo que é limpar a enerve, você deve contratar uma faxineira. Mesmo que tenha de abdicar de alguma regalia devido a esse gasto extra, vale a pena pagar pela ajuda. Em vez de limpar, nesse tempo que sobra você pode cuidar de si mesma, estudar, ter um *hobby*, relaxar e até ganhar dinheiro com um trabalho mais interessante. Assim como você, a sua família também notará a diferença, pois uma mãe equilibrada e alegre transmite segurança e autoconfiança aos seus filhos.

Sempre vale a pena pagar uma faxineira

Um aspecto importante da administração do tempo é o planejamento. Você deve saber o que fará com o tempo livre que ganhou enquanto outros estão ocupados com os trabalhos domésticos. Se você for o tipo de pessoa que tem o impulso de controlar e aperfeiçoar tudo o que os outros fazem na crença de que fazem errado, pode desistir desde já. Isso só traz frustração para todos os envolvidos. Feche os olhos e destine desde já o tempo conquistado para atividades que lhe fazem bem: quando a faxineira chega, vá até a cidade nadar ou freqüentar um curso. Enquanto os seus filhos arrumam a casa, recolha-se a um lugar tranqüilo para ler. Enquanto o seu marido prepara o churrasco do domingo, vá correr ou fazer ginástica.

O tempo livre também precisa de planejamento

Trabalho doméstico bem pensado

Ninguém sabe melhor do que uma dona-de-casa que o seu trabalho pode ser racionalizado. Você pode ir às compras e preparar a comida todos os dias, atividades nas quais perderá sempre duas horas. Mas você também pode fazer compras duas vezes por semana e preparar o dobro de comida para poder congelar a metade. Assim estará reduzindo à metade o tempo necessário para as refeições. Pesquise os serviços de entrega em casa, pois hoje em dia há entrega de bebidas, congelados e até comida fresca (inclusive de cultivo biológico, que tem crescido bastante) a preços convidativos.

Propósito: No decorrer do dia presto atenção aos procedimentos desnecessários dos quais posso me poupar.

Compre para fazer estoque. Por que sair de casa três vezes por mês à procura de um presente? Anote os aniversários dos parentes, amigos e dos amigos de seus filhos na sua agenda e compre os presentes com antecedência. Talvez você consiga comprar presentes semelhantes, por exemplo, livros, CDs ou ingressos, para restringir as compras a poucas lojas.

Inclua a própria curva energética

Planeje de acordo com a sua curva energética. Cumpra os deveres rotineiros quando não estiver numa fase favorável e use o período em que se sente ativa e cheia de energia para atividades divertidas. Seria uma pena você se alegrar com a expectativa de uma semana inteira praticando esporte com uma amiga ou de um passeio de barco com as crianças se essas atividades estivessem planejadas para um período em que está sem forças e cansada. Por outro lado, nessa fase faz sentido passar roupa em frente à televisão ou descascar legumes na varanda ouvindo música depois do trabalho.

É melhor estabelecer pequenos objetivos do que ficar empurrando com a barriga uma montanha de compromissos

O trabalho que empurramos com a barriga é uma desnecessária fonte consumidora de energia. Ela nos rouba tempo, pois em vez de atacarmos de uma vez o que há para fazer, adotamos primeiro uma espécie de tentativa de fuga, como tomar uma xícara de café, por exemplo. Além disso, a simples idéia de ter à nossa frente uma montanha de algo desagradável para fazer já é um peso. Não conseguimos nos concentrar em mais nada. Um método relativamente simples de mudar isso é estabelecer pequenos objetivos para si mesma.

Então, poderá ver o trabalho com mais clareza e planejar melhor.

Quando você, por exemplo, não sabe por onde começar para organizar fotos antigas, tenha primeiro o objetivo de colocá-las em ordem cronológica. O segundo passo será escolher as fotos que quer colar no álbum e as que pretende dar de presente. Ou você primeiro separa as fotos onde aparecem seus filhos, irmãos ou amigos, para mais tarde presenteá-los numa ocasião importante (casamento, por exemplo). Com a divisão em etapas individuais podemos dominar tarefas que parecem insolúveis.

Uma decoração racional economiza energia

Um fator que não deve ser subestimado para que se cumpram de forma econômica determinados trabalhos domésticos é a distribuição dos aposentos em sua casa, assim como a forma de mobiliá-los. Por exemplo, a divisão da cozinha e da copa em dois andares diferentes é desnecessariamente cansativa (e por sorte muito rara hoje em dia). Mas também dentro da cozinha pode-se poupar movimentos supérfluos. Utensílios que são usados com mais freqüência devem ficar à altura dos ombros. Gastamos três vezes mais energia quando precisamos nos inclinar para as gavetas mais baixas sempre que quisermos pegar temperos, colheres ou facas, do que quando estes estão ao alcance das mãos.

O trabalho doméstico racional economiza tempo, que você pode aplicar numa ocupação mais interessante e divertida.

Leia e aprenda em viagens de carro

Você já pensou em levar livros em fitas cassete quando vai fazer uma longa viagem de carro? Quase todos os livros da literatura mundial estão gravados em CDs ou fitas, lidos por atores famosos. Dessa forma você vai cobrindo distâncias e se concentrando numa leitura interessante ou excitante, e sem dúvida educativa. Até os meus filhos ouvem essas fitas com prazer, o que me alegra, pois eles não são o que se pode chamar de ratos de biblioteca.

Em viagens mais curtas, como a ida para o trabalho ou ao supermercado, podem-se ouvir cursos de línguas em fitas cassete, que normalmente são divididos em exercícios simples e fáceis. Assim, você pode aprender durante o cami-

Afirmação: Planejando meu tempo de forma mais racional, vivo de maneira mais consciente e criativa.

nho como se usa o artigo partitivo em francês ou como se pede uma massa em italiano. E esses cursos são ótimos para os seus filhos, pois eles se acostumam rápido com a língua estrangeira e logo conseguem repetir frases complicadas. Os adultos ficam especialmente gratos a eles quando finalmente entendem o até então indecifrável segredo do uso do *if* em inglês.

➡ Planejamento de vida / Em equilíbrio entre o egoísmo e o altruísmo / Como diferenciar o essencial do dispensável

O QUE QUER DIZER ENVELHECER?

Somos tão velhos quanto nos sentimos.

Antiga sabedoria popular

Há séculos, pessoas de todos os povos e culturas têm estado à procura do segredo da juventude eterna. Sejam tribos nativas ou a ciência ocidental moderna, tradições taoístas ou ayurveda, em quase todas as culturas foram (e ainda são) desenvolvidas estratégias que nos mantenham jovens e saudáveis por mais tempo.

Podemos envelhecer com descontração se aceitarmos o envelhecimento como algo natural, um processo que deixa as marcas da maturidade e do conhecimento tanto interior quanto exteriormente. Hoje em dia também podemos combater determinados processos de envelhecimento das células, principalmente quando se trata de processos de oxidação e do ataque dos famigerados radicais livres à membrana das células. Assim como torna a manteiga rançosa, no corpo humano o oxigênio também leva a processos de oxidação responsáveis por acelerar os passos que levam ao envelhecimento. Acredita-se também que esses processos sejam a causa de mais de sessenta doenças, entre elas o câncer, o mal de Parkinson e problemas do coração.

Experiências mostraram que ratos velhos rejuvenesceram drasticamente quando receberam a glândula pineal de ratos mais jo-

Como proteger nosso corpo do envelhecimento precoce?

vens e vice-versa. A glândula pineal é, no cérebro humano, um apêndice do tamanho de uma ervilha. À noite, ela produz um hormônio que é a fonte da juventude, a melatonina, e de dia o hormônio serotonina, responsável pela sensação de bem-estar. A melatonina é, em grande parte, responsável pela desativação dos radicais livres no corpo, protegendo assim o sistema imunológico. Fique atenta às seguintes dicas para viver de maneira a estimular a produção corporal de melatonina e tornar mais lento o envelhecimento:

- Durante o dia, procure a luz do sol.
- À noite, durma num quarto bem escuro.
- Durma o suficiente.
- Colabore com o seu relógio ambiental mantendo uma rotina regular.
- No inverno, saia com freqüência ao ar livre, movimente-se bastante e coma muitas frutas e verduras frescas.
- Evite o *stress*.
- A prática de esporte ao ar livre estimula a produção de melatonina e serotonina.
- A nicotina e a cafeína tornam o trabalho da glândula pineal mais lento e sobrecarregam o corpo com radicais livres.
- Consuma vitamina C, vitamina E e beta-caroteno em quantidade, pois são valiosos combatentes dos radicais livres.

O timo, glândula endócrina que se encontra na parte inferior do pescoço, também exerce um papel importante nos processos de envelhecimento. Ela coordena o sistema imunológico e produz, entre outros, o hormônio imunológico timosina, que por sua vez é responsável pela produção das células T, que nos protegem contra doenças. Na infância, a produção desse hormônio é bem grande, sendo reduzida na puberdade, e na velhice quase nem é perceptível. Esse é um dos motivos pelos quais a taxa de mortalidade por gripe em pessoas de 70 anos é 35 vezes mais alta que em crianças de 10 anos.

Zinco — uma importante substância contra o envelhecimento

Não deixe o seu timo reduzir ou encerrar a sua atividade antes do tempo. O consumo regular de zinco estimula essa glândula. Ela permanece ativa se você não deixar que ele falte em seu organismo. O zinco é encontrado principalmente nas sementes de abóbora, mas também nas carnes de aves, gado e frutos do mar. Também podem ser encontrados medicamentos com zinco na farmácia, mas não se deve consumir mais do que 15 a 30 miligramas por dia. Converse com seu médico a respeito.

A tradição oriental também reconhece o importante papel do timo. Os orientais costumam estimular a sua atividade dando batidas regulares no peito, à altura do esterno.

A nutricionista americana Jean Carper recomenda os seguintes "dez comprimidos elementares" como complemento alimentar para manter a juventude:

Tomar comprimidos contra o envelhecimento?

- 1 comprimido de multivitaminas, com vitaminas, minerais e microelementos
- Vitamina E: de 100 a 400 UI (unidade internacional)
- Vitamina C: de 500 a 1500 mg
- Beta-caroteno: de 10 a 15 mg
- Cromo: 200 μg
- Cálcio: de 500 a 1500 mg
- Zinco: de 15 a 30 mg (muitos complexos vitamínicos já o contêm)
- Selênio: de 50 a 200 μg
- Magnésio: de 200 a 300 mg
- Co-enzima Q10: 30 mg
- eventualmente: vitamina B e ácido fólico[11]

Quem se alimenta de forma saudável pode abdicar de complexos vitamínicos: uma estratégia de nutrição especial contra o envelhecimento não é nada mais que uma alimentação saudável e variada, que muitas pessoas já seguem:

Propósito: Cuidarei do meu corpo para evitar o envelhecimento precoce, mas intimamente não farei oposição aos processos naturais de envelhecimento e, sim, tentarei vê-los como camaradas ao longo da minha vida.

- Frutas e verduras (tanto quanto possível).
- Peixe (de uma a três vezes por semana, principalmente: salmão, cavala, sardinha, atum e arenque).
- Chá (contém muitos antioxidantes).

---

11. Jean Carper: *Jungbrunnen Nahrung. Mit der richtigen Ernährung jung, fit und gesund bleiben.* Düsseldorf, 1996, p. 264.

- Grãos e derivados de soja (também contêm muitos antioxidantes).
- Óleos vegetais com maior teor em gorduras monoinsaturadas, como azeite de oliva.
- Pouca carne.
- Nenhum álcool, se possível
- Poucos doces, se possível
- Alho
- Iogurte

Envelhecer significa amadurecer

Afirmação: Eu sou a soma das minhas experiências e me orgulho disso. Não quero estagnar; quero continuar fazendo novas e interessantes mudanças.

O fato de seguirmos os conselhos acima naturalmente não impede que fiquemos mais velhas. Mas devemos encarar o próprio envelhecimento como algo positivo: nós ficamos cada vez mais ricas em experiências, cada vez mais maduras e descontraídas. Mas, da mesma maneira como reprimimos o envelhecimento físico por meio de uma alimentação e forma de viver sadias, também precisamos fazer algo pelo amadurecimento interior — pois estamos enganadas se nos acomodamos e esperamos que o simples fato de envelhecer nos leve à grandeza espiritual. Muito pelo contrário: não devemos jamais relaxar no esforço de nos aperfeiçoarmos intelectual e emocionalmente, e no nosso comportamento em relação ao mundo que nos cerca. A verdadeira sabedoria só é adquirida se estivermos abertas às transformações e preparadas para aprender com elas, além de mantermos uma certa capacidade de autocrítica.

➡ Como ativar as próprias drogas / Saudável e bonita

O GOSTO PELA NOVIDADE

Nenhum pássaro voa alto demais
enquanto a força de suas próprias asas
o impulsiona para cima.

William Blake

Pouca coisa pode nos acontecer enquanto andamos por caminhos conhecidos e vivemos um esquema preestabelecido. Nós conhecemos todas as possibilidades e podemos até dizer, com boa margem de segurança, como será a nossa vida daqui a um ou dez anos. Esse plano de vida calcado na segurança tem suas vantagens. Ele esconde em si, porém, o perigo de sermos tão confiantes e sem imaginação que em dado momento podemos nos dar mal.

Se, ao contrário, tomarmos consciência de que além dos nossos horizontes existe muitas outras realidades, se mantivermos a curiosidade em relação a essas realidades e procurarmos fazer contato com elas, então aprenderemos a ver além de nossas fronteiras.

Mantenha viva a curiosidade

Ir além das próprias fronteiras leva ao desconfortável caminho da insegurança. Em terreno desconhecido, cometemos erros com mais facilidade, somos expostos a situações ridículas, sentimo-nos sozinhos e vulneráveis. Ou seja, é necessário coragem para enfrentarmos o que é novo e estranho. Entretanto, mesmo que tenhamos nos dado mal fazendo a expe-

Indo além das próprias fronteiras

riência, podemos chegar com orgulho à conclusão de que as fronteiras foram um pouco alargadas. As nossas próprias possibilidades cresceram.

Quanto mais coragem conseguimos para ir sempre um pouquinho adiante, mais abrangente será a nossa personalidade. O clássico exemplo oposto são as mulheres que se concentram totalmente na família e dirigem todos os seus pensamentos e atividades ao marido e aos filhos. Ficamos muito mais vulneráveis quando, como essas mulheres, apostamos tudo numa só cartada, reduzindo dessa forma o nosso espectro de atuação. Assim que uma carta do baralho se rasga — por exemplo, quando as crianças saem de casa ou o marido quer se divorciar após trinta anos de casamento —, perde-se o sentido da vida. A maioria dessas mulheres cai então num profundo abismo de depressão.

Invista em si mesma

Para nos protegermos desses dramas, temos de investir desde cedo em nós mesmas: desenvolva a sua personalidade num leque diversificado de papéis. Seja esposa e mãe, profissional e preguiçosa, amiga e amante, dançarina e pintora, jardineira e cozinheira, vizinha e especialista, professora e aluna e muito mais. Todos esses aspectos da sua personalidade precisam ser cultivados e levados a sério, o que não é difícil. Afinal, eles, em primeiro lugar, nos divertem.

O caminho rumo ao novo em pequenos passos

Mas o que isso significa concretamente? Dê pequenos passos rumo ao novo. Pense em quantas vezes você observou outras pessoas em atividades que provavelmente a divertiriam. Mas você nem se questionou se gostaria de experimentar. Por que não? Os patinadores que usam patins *inline* lhe dão a impressão de que adoram o que fazem. Quando criança, você não gostava de patinar? Então, compre um par de patins e recomece. Tem medo de cair? Comece devagar, à noite, numa praça deserta onde possa se apoiar em alguma coisa. Você verá que nem precisa do apoio. Se antigamente você sabia patinar, com certeza ainda consegue. Tem medo de estar muito velha e parecer ridícula? Comece onde ninguém a conheça. Assim que estiver mais segura, o que os outros pensam de você lhe parecerá menos importante.

O *Gosto pela Novidade*

Esteja atenta sempre que pensar: "Isto me agrada, eu até gostaria de experimentar." Não pense: "Que pena que eu não conheço ninguém que jogue xadrez ou *squash*" e, sim, trate de arranjar um parceiro. Pela lista telefônica não deve ser difícil descobrir se existem clubes de xadrez ou de *squash* na cidade. Em último caso você pode anunciar no jornal.

"Isto eu gostaria de fazer"

Você leu um artigo sobre uma exposição interessante do seu pintor predileto em outra cidade? Compre uma passagem de trem e vá à exposição. Você se enriquecerá com profundas impressões.

Você sonha com um final de semana de acordo com a ciência ayurvédica, em que você seja massageada, mimada e deixe vagar corpo e alma? Arranje uma lista com endereços (numa livraria alternativa, por exemplo, ou num livro de receitas ayurvédicas) onde possa pedir material informativo e lista de preços, e comece a economizar dinheiro para o final de semana, ou peça como presente de aniversário.

Propósito: Hoje me deixarei guiar pelos meus impulsos e farei algo bem diferente.

Talvez você seja uma grande fã de uma determinada atriz ou cantor. Por que não vai ver o seu astro ao vivo? Esteja atenta aos *shows* e peças de teatro que sempre são anunciados no jornal. Telefone e informe-se a respeito dos ingressos.

Você lamenta o fato de, quando criança, não ter tido a possibilidade de aprender a tocar um instrumento, de cantar, dançar ou esquiar? Nada a impede de ir atrás do prejuízo. Afinal, você quer fazer música ou praticar esporte para o seu próprio prazer, e não como profissional. Não se deixe intimidar pelo argumento de que determinadas coisas só se consegue aprender quando criança. A quantidade de cursos para adultos iniciantes prova o contrário.

Na maioria dos casos basta um pequeno esforço para chegar mais próximo desses desejos que a princípio parecem irrealizáveis. Um novo corte de cabelo ou batom podem dar um importante impulso para um recomeço. Anime-se: um pequeno esforço pode surtir um grande efeito e proporcionar grande satisfação.

Afirmação: Nunca é tarde demais para realizar meus desejos.

➡ *Carpe diem*

MOMENTOS DE FELICIDADE III

Com gratidão, temos de aceitar e desfrutar a felicidade e a ausência de dor. Mas jamais exigi-las.

Wilhelm von Humboldt

O cheiro da madeira sendo queimada na fogueira de São João...

Voltar para a cama depois do café da manhã...

A mão fria de minha mãe tocando a minha testa quando tinha febre...

Descobrir que eu e o meu interlocutor estamos na mesma sintonia...

O aroma dos cogumelos e da terra ao passear pela floresta no outono...

O vinho quente nas noites de inverno...

As bancas de temperos exóticos no mercado...

Voltar para casa depois de uma longa estada no exterior...

Ler para as crianças o meu livro infantil predileto...

O cheiro do amor na minha pele...

Colher flores no mato e enfeitar com elas uma trança dos cabelos de minha filha...

A profunda comoção ao final de um drama...

CONVERSE COM ALGUÉM

Dê voz às suas preocupações.
As aflições guardadas no peito sufocam
o coração e acabam por quebrá-lo.

William Shakespeare

Você às vezes tem a necessidade de conversar com alguém sobre assuntos muito íntimos ou sobre os seus sentimentos mais secretos? O que você faz então?

Há alguns anos, quando fiz essa pergunta a mim mesma e respondi com um "nada", eu sabia que precisava procurar um interlocutor para suprir essa necessidade. Mas quem? Uma psicoterapia me parecia um exagero. Minha necessidade de diálogo não era tão urgente assim para que eu procurasse um profissional que me ouvisse. Mas determinados temas eu gostaria de expor a outra pessoa que não fosse o meu marido, e meus conhecidos e amigos não me garantiam o anonimato que eu desejava. Seria impossível conversar a respeito de meus problemas conjugais com uma amiga que conhecesse meu marido. Eu me sentiria desleal em relação a ele, que com certeza não estaria de acordo em ser exposto dessa maneira. E exatamente por causa desse beco sem saída eu não fazia, como já disse, "nada".

Depois de termos nos mudado para outra cidade, percebi que a correspondência que eu trocava com velhas amigas foi ficando cada vez mais pessoal. Fiquei sabendo de detalhes muito íntimos de suas vidas, que durante anos ficaram ocul-

Proximidade e distância

tos apesar do contato constante que mantínhamos. Às vezes eu tinha a impressão de que minhas amigas aproveitavam, agradecidas, a distância física que se criara entre nós para me confiar seus segredos. Essa distância substituiu a quantidade pela qualidade, de forma que nossa necessidade de conversas mais pessoais foi saciada, inicialmente por cartas, depois também quando nos encontrávamos pessoalmente. A mudança de cidade representou para mim uma chance e um enriquecimento muito grandes.

Recentemente, uma conhecida minha confirmou essa mesma experiência. Ela me contou que, pelo mesmo motivo, era muito mais aberta com estranhos que encontrava nas férias ou num congresso de final de semana do que com pessoas com as quais tinha contato diário. Quando estava à procura de respostas para questões delicadas, a respeito das quais ela jamais pediria conselho a algum conhecido, ela aproveitava conscientemente ocasiões em que pudesse conversar com pessoas estranhas que lhe fossem simpáticas.

Minha amiga Karla vai um passo além. À noite, ela freqüenta regularmente bares, onde procura contatos sentada no balcão. Mesmo que de vez em quando seja mal interpretada por homens que acham que ela está interessada em algo mais além das conversas, ela está muito satisfeita com as experiências que faz nesses passeios noturnos. Ela conta que, na maioria das vezes, tem diálogos muito descontraídos e abertos com pessoas totalmente estranhas. Desde o início fica claro para os envolvidos que essas conversas não se repetirão. As pessoas se apresentam usando apenas o primeiro nome e se separam com a consciência de terem tido um encontro sem conseqüências.

Afirmação: Muitas coisas só ficam claras para mim quando converso abertamente com alguém a respeito.

➡ Dar e receber

APRENDA A SER CONFIANTE

Volte a sua face para o sol,
e as sombras ficarão atrás de você.

Ditado Maori

Diversas pesquisas científicas mostram que existe uma relação direta entre a saúde física e a confiança otimista de controlar a própria vida. Por isso, fez-se nos Estados Unidos uma experiência: comunicou-se a um grupo de pacientes, antes de sofrerem uma cirurgia na coluna, que eles poderiam exercer influência sobre a própria perda de sangue. Esses pacientes perderam em média 500 cm^3 de sangue, enquanto os pacientes do grupo que não foi informado a esse respeito antes da operação perderam em média 900 cm^3. O câncer de mama ataca com menos freqüência as mulheres otimistas. Pessoas idosas que consideram o seu estado de saúde ruim (independentemente dos resultados de exames médicos) morrem bem mais cedo do que aquelas que ficam felizes por se considerarem saudáveis (mesmo que o sejam menos do que pensam). Pacientes de artrite bastante esclarecidos sobre a doença foram informados de que poderiam melhorar seu estado de saúde devido a esses conhecimentos, e uma melhora foi realmente constatada na maioria deles, menos devido aos seus conhecimentos médicos do que por realmente acreditarem na melhora. Fica óbvio, então, que a sensação de estar ou não doente pode realmente influenciar o estado de saúde. O mesmo é válido para outras áreas: a expectativa de um fracasso dirige nosso comportamento para isso.

Eu me sinto saudável; então, sou saudável

A maneira como lidamos com fracassos também é decisiva para o nosso bem-estar. Se nos culpamos cada vez que somos malsucedidos, enfraquecemos nossa autoconfiança e atraímos novos insucessos. E no entanto a maioria das pessoas nem tem consciência de seu pensamento negativo. O que lhes parece "realista" é, na verdade, um posicionamento basicamente pessimista. Pesquisas comparativas mostraram que as mulheres têm a tendência de colocar a culpa em si mesmas quando fracassam, enquanto os homens responsabilizam causas externas.

Propósito: Os fracassos também fazem parte da vida. Eu não quero ficar chateada, e sim, aprender com eles e seguir confiante o meu caminho.

Reveja as suas reações em relação ao sucesso e ao fracasso. Procure os motivos por ter sido malsucedida menos em si mesma e mais em fatores externos. Em vez de dizer "Se eu tivesse sido mais compreensiva o nosso relacionamento não teria se desgastado", não seria muito melhor pensar "Meu parceiro estava em uma profunda crise pessoal"? Por outro lado, considerar um sucesso como um acaso curioso seria fatal.

Por meio da nossa atitude interior em relação a nós mesmas, e ao mundo ao nosso redor, influenciamos a nossa felicidade e a nossa saúde. Não devemos pensar que somos o centro à volta do qual tudo se organiza. Esse pensamento inevitavelmente gera frustração e decepção, pois a vida não é assim. Mas podemos nos consolar com o contrário, partindo do princípio de que muitas coisas acontecem de forma favorável a nós porque somos competentes, gentis, simpáticas e, com razão, cheias de autoconfiança.

Aprenda a lidar com o negativo de forma positiva

Em pequenos passos podemos aprender a lidar com o negativo de forma positiva, fortalecendo assim nossa confiança em nós mesmas. Nossa maneira de agir deve ser determinada por uma postura de aceitação de situações desafiadoras e não de fuga delas. Vale a premissa segundo a qual se o grau de dificuldade do desafio não é muito alto podemos dominá-lo com mais prazer e sucesso.

Um bom começo é transformar a forma negativa de ver o mundo em algo positivo. Nada de falar sempre sobre coisas deprimentes, desgraças ou problemas rotineiros nem consigo mesma nem com as outras pessoas. Não sejamos tão negativas e, sim, concentremo-nos nas belezas ao nosso redor: a primavera, os bons amigos, o parceiro amado, os últimos êxitos, o jantar delicioso de ontem à noite... e quando nada de positivo lhe vem à cabeça, fique feliz com o céu azul, até que aos poucos você tome consciência de outros detalhes positivos.

Afirmação:
Há muitas coisas positivas na minha vida. Sou saudável e feliz e, por isso, sou muito agradecida.

➡ Eu sou forte, saudável e feliz — o poder da auto-sugestão.

COMO DIFERENCIAR O ESSENCIAL DO DISPENSÁVEL

Não é a morte que o homem deveria temer;
muito maior deveria ser o seu medo de
nunca começar a viver.

Marco Aurélio

Nossa vida é determinada por *stress*, agitação e velocidade. Todos sempre têm algo a fazer: as crianças, os amigos, o marido, nós mesmas. O telefone toca o tempo todo, faxes e cartas chegam, temos horas marcadas. Quase não conseguimos mais diferenciar os muitos sinais uns dos outros. Alguns são dispensáveis, como o do vendedor querendo nos vender algo de que não precisamos ao telefone. Outros são importantes — como os sinais que nossos filhos nos dão de que estão precisando da nossa atenção.

Quando não conseguimos mais separar o dispensável do importante, quando entramos em uma discussão de quinze minutos com o vendedor e, em seguida, com os nervos em frangalhos mandamos nossos filhos brincar lá fora, então deveríamos nos perguntar com urgência o que na verdade tem mais valor para nós.

Os sinais mais altos, que mais chamam a atenção, são às vezes os mais prejudiciais. Ao permitirmos que um telefonema interrompa o jantar, às vezes o único momento em que a família se reúne, estamos colocando a pessoa que telefonou acima de nossa família. E não importa se quem está ao telefone é nossa melhor amiga ou um sócio.

A secretária eletrônica é uma forma de nos tornarmos independentes da tirania exercida pelo telefone. Ela tem ainda a vantagem de permitir que você decida quando e com quem quer falar. Você se defenderá de forma ainda mais veemente contra os ataques à sua vida particular se simplesmente desligar o telefone em determinados momentos, ficando assim livre de ser molestada por influências externas. Decida você mesma de que modo evitará que distrações dispensáveis lhe roubem energia.

Propósito:
Hoje não me incomodarei com coisas pequenas, mas, usarei minha energia no que é realmente importante.

O que é mais importante: um carro chique, casa própria, filhos saudáveis, sair todas as noites, um amor cheio de paixão, uma aliança de casamento, um corpo bonito, esperteza, beleza, saúde, um trabalho que traga satisfação...? Eu não sei. Cada um determina as suas próprias prioridades.

O que é mais importante?

A experiência diz que me faz muito bem testar se os meus desejos são duradouros. Ao ver um sobretudo escandalosamente caro que me agrada, pergunto-me quanto é importante para mim vesti-lo. Estou preparada para gastar todo este dinheiro e abdicar de outras coisas? Devo baixar o meu nível de vida por um tempo para realizar esse desejo? Após uma, duas, três noites eu sei exatamente o quão importante esse sobretudo é — ou não é — para mim.

Ou, então, o que farei nas minhas férias anuais? Por um lado, tenho a possibilidade de acompanhar, à custa da empresa, uma amiga que está fazendo um filme na América do Norte; por outro lado, esse tempo é a única chance que eu terei de tirar férias com a minha família — mesmo que signifique ir novamente para o sítio. Antes de tomar uma decisão dessas, tenho de me questionar exatamente sobre qual seria a melhor escolha. O que a minha família pensa e sente deve ser levado em conta e tenho de pesar todos os prós e os contras (e com sorte podemos até chegar a um compromisso mútuo).

No entanto, um dos principais critérios para diferenciar o essencial do dispensável deveria ser verificar se aqueles que nos estão mais próximos, e são as pessoas mais importantes na nossa vida, recebem a merecida atenção e dedicação carinhosa de nossa parte.

Afirmação:
No silêncio, perscruto os meus verdadeiros desejos e descubro o que é importante para mim.

➡ Análise introspectiva / Em equilíbrio entre o egoísmo e o altruísmo / Confie na intuição.

CONFIE NA INTUIÇÃO

O portal para a feminilidade cheia de segredos,
esta é a raiz do céu e da terra.

Lao-Tsé

Sempre ouço mulheres reclamarem que se sentem em desvantagem em relação aos homens devido às diferenças biológicas. A gravidez e a maternidade impedem-nas de decidir livremente seus caminhos na vida. A moldura de que dispõem como mulher lhes parece muito acanhada. Além disso, elas sofrem de oscilações físicas e emocionais devido às alterações hormonais.

Sem dúvida, o fato de ficarmos irritadas, agressivas ou depressivas durante o período pré-menstrual nos confunde, mas essa sensibilidade a alterações hormonais e a outras mudanças no nosso corpo, e fora dele, também tem aspectos muitos positivos. Nós, mulheres, não somos máquinas que resolvem tudo com um apertar de botão. Esse não é um motivo para ficarmos zangadas e sim, ao contrário, é aí que estão os nossos pontos fortes, freqüentemente resumidos para a expressão intuição feminina.

A voz da intuição

A enorme flexibilidade de nossos sentimentos representa uma grande oportunidade: ela nos mantém abertas e acordadas para pensamentos intuitivos, para a inspiração repentina, para a voz interior que nos faz reconhecer de repente o que é certo. Esse reconhecimento intuitivo não é conse-qüência do raciocínio. Ele vem do subconsciente. Nele há uma soma de experiências que subitamente aparecem como clara convicção: a desconfiança inicial em relação a um só-cio, a idéia repentina de dar uma olhada no bebê, a voz in-terior que diz que a mãe que vive a quilômetros de distância está doente... Você conhece exemplos semelhantes da sua intuição?

Ela é um dom maravilhoso. Deveríamos confiar na sua voz, pedir o seu conselho, pois a intuição muitas vezes nos leva de forma surpreendente à solução de problemas. Todas as mulheres a têm dentro de si, mas em algumas de nós ela está soterrada pela avalanche de *stress*, barulho e correria do dia-a-dia. A intuição precisa de tranqüilidade, de relaxamen-to e do contato com nossa voz interior. Você pode aumentar a sua força intuitiva por meio da meditação:

Exercício para fortalecer a intuição

Relaxe. Você quer encontrar o seu subconsciente, ficar pró-xima e tornar-se amiga dele. Imagine em que parte do seu corpo poderá achá-lo: na cabeça, na barriga, no coração ou em outro lugar. Qual é a aparência dele? É um lago profun-do, tranqüilo e iluminado pela Lua, é o mar ou se parece mais com uma nascente? Talvez ele se apresente a você co-mo uma bola de fogo ou uma raiz profunda? Quando tiver encontrado uma imagem para o seu subconsciente, cumpri-mente-o. Diga a ele como você o admira e como está feliz por ele lhe pertencer. Peça-lhe que continue ao seu lado com sua intuição. Sinta amizade e carinho. Ao se despedir, agra-deça-lhe e prometa voltar. Você tem um amigo maravilhoso, que será o seu mais forte aliado.

Algumas coisas mudarão na sua vida se você fizer esse exercício com freqüência. A relação de troca entre os níveis consciente e subconsciente leva a uma grande vitalidade. Você terá sonhos intensos e, em breve, perceberá que será presenteada com mais pontos de vista intuitivos.

Propósito: Eu gostaria de saber mais a respeito de minhas forças intuitivas e descobrir quando elas exercem um efeito mais intenso.

Em muitas culturas, a Lua, *Luna, la Lune*, foi louvada como deusa da intuição feminina. A relação entre os ciclos da Lua e sua influência sobre as águas na Terra, como as marés, já foi pesquisada e é conhecida. Como se sabe, o nascimento, a ovulação e a menstruação são influenciados pelas fases da Lua. Também a relação entre a lua cheia e os crimes passionais. A Lua influencia nosso sono, nossos humores e a nossa voz interior. Analise a influência da Lua sobre a sua intuição anotando em uma tabela, durante vários meses, que emoções sentiu em quais dias do ciclo lunar.

Para isso, compare diversos fatores: ciclo da Lua, ciclo menstrual, estado de espírito, queixas.

Tabela para a análise da influência da Lua sobre o ritmo feminino

	I	II	III	IV
1.				
2.				
3.				
4.				
5.				
6.				
7.				
8.				
9.				
10.				
11.				
12.				
13.				
14.				
15.				
16.				
17.				
18.				
19.				
20.				
21.				
22.				
23.				
24.				
25.				
26.				
27.				
28.				
29.				
30.				
31.				

Na coluna I escreva a fase da Lua: nova, cheia, crescente ou minguante.

Na coluna II anote os dias da menstruação e da ovulação. É interessante marcar a temperatura basal diária, ou seja, a temperatura corporal medida pela manhã, antes de se levantar.

A coluna III é destinada para o seu respectivo estado de espírito. Aqui você pode usar as seguintes abreviações: d = depressiva, i = introvertida, reflexiva, circunspecta, a = ativa, empreendedora, e = eufórica...

A última coluna, IV, fornece uma visão geral das queixas corporais, por exemplo, da síndrome pré-menstrual. Essa síndrome se manifesta, em algumas mulheres, alguns dias antes do início da menstruação por meio de cólicas, enxaqueca, enjôos, irritação, agressividade, dores reumáticas na barriga e nos seios, entre outros problemas.

Em muitas culturas antigas, a *Luna* era louvada como deusa da intuição feminina.

Se você anotar regularmente, durante um longo período, como se sente diariamente e comparar com o ciclo da Lua, talvez perceba as relações entre a Lua e o seu ritmo feminino. Essas relações podem tornar a compreensão dos seus estados de espírito mais fácil para você mesma ou em determinadas fases podem ajudá-la a confiar mais na sua intuição.

Afirmação:
Ouço uma voz suave dentro de mim. Eu confio nela e deixo que ela me guie.

➡ A linguagem dos meus sonhos / Como ouvir a mim mesma: uma viagem pelo corpo / Análise introspectiva

COMO LIDAR COM O SENTIMENTO DE CULPA

Na vontade é que está a culpa, não no ato.

Ditado popular

O sentimento de culpa parece ser um predicado feminino: nós nos sentimos culpadas porque trabalhamos e não passamos tempo suficiente com os filhos, ou porque estamos muito cansadas para ir a uma festa à qual nosso parceiro gostaria de ir, ou porque o *soufflé* de queijo não ficou tão gostoso como esperávamos, ou porque nossos convidados se chatearam, ou...

A tendência de colocar constantemente e de forma incabível a culpa em nós mesmas tira de muitas mulheres o gosto por aproveitar a vida despreocupadamente. Não é injusto? Abordei muitas vezes esse tema com outras mulheres para ouvir estratégias contra esse sentimento de culpa infundado e desmedido.

Reaja contra o sentimento de culpa

Muitas mulheres tentam ver o sentimento de culpa como uma típica reação feminina. Isso as ajuda a classificá-lo como aquilo que ele realmente é, ou seja, uma reação injustificada. Dessa maneira elas conseguem lidar melhor com a situação gerada por esse sentimento.

Outras mulheres se esforçam para, por meio da organização, alimentar o mínimo possível a consciência pesada em relação ao marido ou aos filhos: elas separam um tempo só para se ocuparem com as pessoas mais próximas. Depois do trabalho, elas se dedicam aos filhos; depois do jantar dão atenção ao marido. Mas nessa dança das cadeiras elas acabam ficando para trás, pois não sobra tempo para a satisfação dos seus próprios interesses e desejos.

Um grupo de mulheres me descreveu um ritual bastante eficaz, por meio do qual os sentimentos de culpa são lavados embaixo do chuveiro.

Quando o sentimento de culpa afligir você, lave-o de si interior e exteriormente. Vá para debaixo do chuveiro e abra a torneira ao máximo. Esfregue o corpo inteiro vigorosamente com uma esponja. Imagine que está se livrando da culpa, que ela está sendo enxaguada do seu corpo e vai escorrendo pelo ralo. Debaixo dessa camada de culpa, surge a carapaça de papéis incrustados que é responsável por você sempre voltar a pôr a culpa injustamente em si mesma por coisas pelas quais nem é responsável. Se possível, imagine essa camada de maneira bem concreta. Diga assim: "Você me impõe o papel de mãe insensível, mas isso eu não sou!" Ao mesmo tempo, lave essa camada do seu corpo. Visualize como a carapaça ganha rachaduras e se solta do corpo, se dissolve e também desaparece pelo ralo.

Instrução: Ritual para dissolver o sentimento de culpa

Um banho de chuveiro também pode servir como um ritual de libertação do sentimento de culpa.

Afirmação:
Tomo consciência de que faço o que posso para satisfazer a todos. Meu sentimento de culpa é completamente infundado. Eu o dissolvo espiritualmente.

Agora você se sente livre e infinitamente aliviada. Seque o corpo e hidrate-o com uma loção perfumada. Diga a si mesma que é uma boa pessoa, mesmo que de vez em quando cometa algum erro.

➡ Diga não / Desabafe / Encare os próprios medos

UM PROVÉRBIO PARA CADA DIA

Uma forma enriquecedora de entrar em contato com o seu lado espiritual é a meditação sobre provérbios. O caminho rumo ao seu interior não será aberto pela simples leitura de determinadas sabedorias e, sim, por uma intensa meditação a seu respeito.

Anote num diário ou numa simples folha de papel citações que tenham significado importante para você, e escolha cada dia uma da qual você se ocupará. Você pode fazê-lo por escrito, anotando no diário o que o provérbio significa para você e de que forma se relaciona com a sua vida. Mas também é possível meditar a esse respeito, deixando imagens que o representem surgirem do seu interior. Registre o seu testemunho em si mesma e traga-o sempre à tona no decorrer do dia.

Aqui estão vários provérbios com os quais você talvez queira começar. Não se aproxime deles de forma "crítico-intelectual", aceite-os como são e deixe-os agir sobre você:

- Ame a vida e a vida amará você.
- Não pare de procurar a verdade, mesmo que o caminho até ela seja penoso.
- Costumes despercebidos são um mal latente.

- É necessário nadar contra a corrente para chegar à nascente.
- Quem abdicou da própria felicidade fracassou na vida.
- Devemos procurar nossas profundezas e nos aceitar como somos, sem no entanto esquecer que dentro de nós mora a força para nos aperfeiçoarmos.
- Quanta alegria tem o mundo quando ele é visto pelos olhos de uma criança!
- O pessimista descobre dificuldades em todas as oportunidades; o otimista descobre em todas as dificuldades as oportunidades.
- Primeiro acalme os seus pensamentos, depois liberte-os.
- Onde é a entrada para o meu gosto e onde é a saída para o meu desgosto?
- Não aja tomado pela fúria. Não se deve velejar durante uma tempestade.
- Para cada problema existe uma solução. É só procurá-la com obstinação.
- Toda crise é uma oportunidade.
- As preocupações não têm nenhum valor no mercado. Então, por que deveríamos colecioná-las?
- O tempo voa quando temos pressa. E se nós simplesmente reduzirmos a nossa velocidade?
- O que cresce depressa murcha depressa; o que cresce devagar dura mais.
- A vida inteira é uma experiência.
- Não existem experiências ruins.

Afirmação: Todos os dias amplio o meu horizonte em todas as direções.

Neste contexto, também é recomendável tirar todos os dias uma carta de tarô e fazer da informação que ela contém o mote do dia. Experimente o que lhe parece mais adequado.

➡ Qual é a forma de meditação ideal?

PLANEJAMENTO DE VIDA

Você poderá receber tudo o que ambiciona desde que a ambição pelo objeto dos seus desejos seja suficientemente forte.

Amanamayee Mee

Felizes são aqueles que conseguem (de vez em quando) viver completamente no presente. Acho que todos nós aspiramos a essa sorte. Mas ainda assim precisamos de uma certa ordem em nossa vida, o que exige um planejamento do futuro.

Para isso não é necessário proceder de forma tão inflexível e dogmática como algumas pessoas que querem planejar sua vida ano a ano: 2001 construção da casa, 2002 gravidez, 2003 nascimento do primeiro filho, etc.

Algumas folhas de papel, uma caneta e um certo ócio já podem exercer uma grande influência sobre a organização interior do nosso plano de vida. Tente fazer o seguinte: em cada página, escreva uma palavra que considera importante para a sua vida, como "profissão", "amor", "saúde", "família", "nível de vida", e assim por diante. Concentre-se então em cada uma delas individualmente, preenchendo-a com noções concretas. Anote-as na respectiva página e imagine suas idéias e seus desejos da forma mais realista possível. Você mesma se move entre suas fantasias. Se em relação ao tema "amor" você deseja "uma relação plena com um homem compreensivo e carinhoso", então feche os olhos e visualize a convivência com um parceiro assim, que satisfaça os seus desejos sexuais e afetivos e seja um amigo maravilhoso com quem você faça tolices por aí e possa conversar sobre tudo.

Junte todas as ânsias

Anote sem barreiras todas as suas ânsias. Suas folhas de anotações não precisam cair nas mãos de ninguém, você pode trancá-las em algum lugar ou queimá-las depois.

Propósito: Hoje confessarei honestamente os meus desejos mais secretos e planejarei como realizá-los.

Aquilo que você escreve reflete os desejos do seu âmago. Inconscientemente, esses desejos cunham as suas atitudes para a realização dos objetivos sonhados. E quanto mais concretamente você se imagina numa situação sonhada, mais fácil será realizá-la. Seu subconsciente trabalha no sentido de reconhecer situações nas quais você pode agir rumo a um determinado objetivo.

Afirmação: Assumo as rédeas da minha vida. Eu carrego a responsabilidade de, no final, poder apresentar um balanço positivo.

Conceda a si mesma a liberdade de modificar as suas idéias com o passar do tempo. Pode ser que você some experiências que a façam alimentar novos ou outros desejos em determinadas áreas. Por isso é aconselhável repetir de vez em quando esse *brainstorming*.

➡ Sinto-me bem? / Análise introspectiva

EM EQUILÍBRIO ENTRE O EGOÍSMO E O ALTRUÍSMO

Ninguém pode construir a própria segurança sobre a nobreza de outrem.

Willa Cather

O desdobramento da própria personalidade é um processo sensível entre o nosso interior e o exterior. Por um lado, nossos instintos e impulsos cobram os seus direitos, por outro, a sociedade faz exigências e nos empurra papéis nos quais devemos funcionar. Às vezes é difícil encontrar seu próprio caminho nesse processo.

Mas, se observarmos mais de perto, veremos que as exigências que a princípio parecem opostas não são tão incompatíveis assim. Nós podemos ser egoístas, desde que esse egoísmo não magoe ou aborreça ninguém. Ao contrário: um egoísmo saudável pode impor regras mais claras na convivência social do que quando abdicamos dos nossos próprios desejos em favor dos de outrem. Um egoísmo saudável é sinal de um ego consolidado. Quando expomos nossos desejos e idéias os outros sabem em que pé estão conosco e podem se preparar.

Manifeste claramente a sua opinião, negue desejos a outras pessoas quando quiser, deixe-se levar, brinque, mime a si própria e deixe-se mimar. Isso não contradiz de forma nenhuma a premissa de que a realização pessoal também se manifesta na dedicação aos outros. Seja gentil e amiga, solícita

*Propósito:
Quero ser justa comigo e com os outros.*

*Afirmação:
Estou em
equilíbrio com o
mundo ao meu
redor porque
o dar e o
receber estão
harmonizados.*

e compassiva; compartilhe das preocupações e das idéias de outros, sejam eles pessoas próximas ou estranhos.

O que você dá, você recebe de volta; e esse *feedback* fortalece a sua alegria e o seu bem-estar.

FINALIZANDO

Neste livro, você pôde encontrar muitos conselhos viáveis a respeito de como aumentar a sua vivacidade, atingir uma postura de vida basicamente positiva e, dessa forma, manter-se ou tornar-se saudável. Nenhum dos pontos citados fará com que você se transforme numa nova pessoa de uma hora para outra, mas ainda assim pequenas mudanças podem trazer grandes resultados: quando você se sente bem e irradia alegria, essa forte impressão po-

sitiva volta para você. As coisas dão certo com muito mais facilidade. Amar e aceitar a si mesma significa ao mesmo tempo respeitar o próximo. Seja gentil e solícita com os outros e dê atenção também aos seus desejos e necessidades. Abnegação e amor-próprio formam um time ideal. Aproveite a diversidade da natureza, proteja-a e desfrute de todas as alegrias espirituais e concretas que a vida oferece. Pequeninos momentos de felicidade constituem a base para o bem-estar físico e mental. Deixe o princípio do prazer influenciar você, pois ele lhe proporcionará tanto o prazer imediato como uma saúde duradoura.

BIBLIOGRAFIA

Carper, Jean: *Jungbrunnen Nahrung. Mit der richtigen Ernährung jung, fit und gesund bleiben.* Düsseldorf, 1996.

Carrington, Patricia: *Das große Buch der Meditation.* Berna, Munique, Viena, 1996 (5ª edição).

Diamond, Harvey: *Das Diamond-Programm für Frauen.* Munique, 1997.

Dunde, Siegfried Rudolf: *Gesundheit aus der Seele schöpfen.* Düsseldorf, 1989.

Fromm, Erich: *Märchen, Mythen, Träume. Eine Einführung in das Verständnis einer vergessenen Sprache.* Stuttgart, 1980.

Herzog, Dagmar: *Mentales Schlankheitstraining. Die einfachste Methode, für immer schlank zu sein.* Munique, 1995.

Langenbucher, Heike: *Sprache des Körpers — Sprache der Seele. Wie Frauen gesund sein und sich wohlfühlen können.* Friburgo, Basiléia, Viena, 1991.

Livros da Time-Life: *Wellness. Gesundheit und Wohlbefinden.* Amsterdã, 1989.

Louden, Jennifer: *Tu dir gut! Das Wohlfühlbuch für Frauen.* Friburgo 1996 (10ª edição).

Mahanamo: *Geheimnis der Vitalität.* Neuwied, 1995.

Marx, Axel/Marx, Waltraud: *Endlich vital & schlank. Abnehmen nach der Wellness-Methode.* Steyr (Áustria), 1994.

Murty, Kamala: *Malbuch Mandala.* Munique, 1996.

Norfolk, Donald: *Nie mehr müde und erschöpft. Frisch und vital in 28 Schritten.* Kreuzlingen, 1997 (5ª edição).

Ornstein, Robert/Sobel, David: *Gesund durch Lebensfreude*. Munique, 1994.

Rieth, Susi: *Harmonieübungen*. Munique, 1993.

Samitz, Günther: *Das Wellness-Programm. Mit dem richtigen Gewicht zu mehr Wohlbefinden*. Reinbek, 1995.

Schrott, Ernst: *Gesund und jung mit Ayurveda*. Munique, 1996.

Schutt, Karin: *Ayurveda. Sich jung fühlen ein Leben lang*. Munique, 1995.

Sievers, Knut: *Elektrosmog — die unsichtbare Gefahr*. Munique, 1997.

Simons, Anne: *Das Schwarzkümmel Praxisbuch*. Berna, Munique, Viena, 1997.

——————: *Öle für Körper und Seele*. Munique, 1997.

Weikert, Wolfgang: *Selbstheilung durch die Kraft der Gefühle*. Munique, 1995.

Zehentbauer, Josef: *Körpereigene Drogen. Die ungenutzten Fähigkeiten unseres Gehirns*. Munique e Zurique, 1992.